Bicaralah
Dengan Suara
Mula-Mula

"Bagi Dia yang berkendaraan
melintasi surga paling tinggi,
melintasi langit purbakala;
perhatikanlah,
Ia memperdengarkan suara-Nya,
suara-Nya yang dahsyat."
(Mazmur 68:33)

Bicaralah Dengan Suara Mula-Mula

Dr. Jaerock Lee

Bicaralah Dengan Suara Mula-mula oleh Dr. Jaerock Lee
Diterbitkan oleh Urim Books (Representatif: Johnny. H. Kim)
73, Yeouidaebang-ro 22-gil, Dongjak-gu, Seoul, Korea
www.urimbooks.com

Semua hak cipta dilindungi. Buku ini atau bagian dari isinya tidak boleh diproduksi ulang dalam bentuk apapun, disimpan dalam sistem penarikan, atau disebarkan dalam bentuk apapun atau secara elektronik, mekanik, fotokopi, rekaman atau lainnya, tanpa meminta ijin sebelumnya dari penerbit.

Kecuali kalau disebut lain, semua Ayat bacaan diambil dari Holy Bible, NEW AMERICAN STANDARD BIBLE, ®, Hak Cipta © 1960, 1962, 1963, 1968, 1971, 1972, 1973, 1975, 1977, 1995 oleh The Lockman Foundation. Digunakan dengan izin.

Hak Cipta © 2015 oleh Dr. Jaerock Lee
ISBN: 979-11-263-1216-0 03230
Hak Cipta Terjemahan © 2013 by Dr. Esther K. Chung. Digunakan dengan izin.

Cetakan pertama September 2015

Sebelumnya diterbitkan di Korea pada tahun 2011 oleh Urim Books di Seoul, Korea.

Disunting oleh Dr. Geumsun Vin
Dirancang oleh Tim Desain Urim Books
Untuk informasi lebih lanjut hubungi urimbook@hotmail.com

Pesan Tentang Penerbitan

Dengan harapan bahwa pembaca akan menerima jawaban dan berkat melalui suara mula-mula, yang penuh dengan pekerjaan penciptaan...

Ada banyak jenis suara di dunia ini. Ada suara cericip burung yang merdu, tawa bayi yang tak berdosa, sorakan kerumunan, suara mesin bensin, dan suara musik. Ada suara-suara yang dapat didengar oleh jangkauan frekuensi kita, dan ada juga suara seperti ultrasound yang tak tak dapat didengar manusia.

Jika frekuensi suara tersebut terlalu tinggi atau terlalu rendah, kita tidak akan dapat mendengarnya walaupun suara itu memang ada. Terlebih lagi, ada suara-suara yang hanya dapat kita dengar dengan hati kita. Ini adalah suara nurani kita. Dan apakah suara yang paling indah dan kuat? Itu adalah 'Suara Mula-Mula' yang diucapkan oleh Allah sang Pencipta, yang merupakan permulaan segala sesuatu.

"Bagi Dia yang berkendaraan melintasi langit purbakala. Perhatikanlah, Ia memperdengarkan suara-Nya, suara-Nya yang dahsyat!" (Mazmur 68:33).

"Sungguh, kemuliaan Allah Israel datang dari sebelah timur. Dan terdengarlah suara seperti suara air terjun yang menderu dan bumi bersinar karena kemuliaan-Nya." (Yehezkiel 43:2).

Dan inilah berita, yang telah kami dengar dari Dia, dan yang kami sampaikan kepada kamu: Allah adalah terang dan di dalam Dia sama sekali tidak ada kegelapan (1 Yohanes 1:5). Kemudian, Ia merencanakan 'pembinaan manusia' untuk memperoleh anak-anak sejati yang dengannya Allah dapat berbagi kasih sejati, dan Ia menjadi Allah Tritunggal, sebagai Bapa, Anak, dan Roh Kudus. Suara mula-mula dimiliki oleh Anak, dan Roh Kudus sebagaimana juga Bapa.

Ketika tiba waktunya, Allah Trinitas berbicara dengan suara mula-mula untuk menciptakan langit dan bumi serta segala isinya. Berfirmanlah Allah, "Jadilah terang," ""Hendaklah segala air yang di bawah langit berkumpul pada satu tempat, sehingga kelihatan yang kering" "Hendaklah tanah menumbuhkan tunas-tunas muda, tumbuh-tumbuhan yang berbiji, segala jenis pohon buah-buahan yang menghasilkan buah yang berbiji, supaya ada tumbuh-tumbuhan di bumi," "Jadilah benda-benda penerang pada cakrawala untuk memisahkan siang dari malam," "Hendaklah dalam air berkeriapan makhluk yang hidup, dan hendaklah burung beterbangan di atas bumi melintasi cakrawala"

(Kejadian 1:3; 1:9; 1:11; 1:14; 1:20). Karenanya, semua makhluk ciptaan dapat mendengar suara mula-mula diucapkan oleh Allah Trinitas, dan mereka menaatinya dengan melintasi ruang dan waktu. Dalam Keempat Injil, bahkan benda tak hidup, seperti angin dan ombak menjadi tenang ketika Yesus berbicara dengan suara mula-mula (Lukas 8:24-25). Ketika Ia berkata kepada seorang yang lumpuh, "Dosamu telah diampuni" dan "Bangunlah, angkatlah tempat tidurmu dan pulanglah ke rumahmu!" (Matius 9:6), ia bangkit dan kembali ke rumah. Orang-orang yang menonton adegan ini terpana dan memuliakan Allah yang telah memberikan otoritas sedemikian kepada manusia.

Yohanes 14:12 berkata, "Aku berkata kepadamu: Sesungguhnya barangsiapa percaya kepada-Ku, ia akan melakukan juga pekerjaan-pekerjaan yang Aku lakukan, bahkan pekerjaan-pekerjaan yang lebih besar dari pada itu. Sebab Aku pergi kepada Bapa." Sekarang, bagaimana kita dapat mengalami pekerjaan suara mula-mula di masa kini? Kita dapat membaca dalam kitab Kisah Para Rasul bahwa orang-orang digunakan sebagai alat Allah untuk memanifestasikan kuasa Allah, hingga mereka dapat membuang kejahatan dari dalam hati mereka untuk menanam kekudusan dalam diri mereka.

Petrus berkata kepada laki-laki yang belum pernah berjalan sejak ia dilahirkan untuk berjalan dalam nama Yesus orang

Nazaret dan memegang tangannya. Laki-laki itu berdiri, dan berjalan dan melompat. Ketika ia berkata kepada Tabita, yang sudah mati, "Bangunlah", ia pun dibangkitkan. Rasul Paulus membangkitkan anak muda yang mati yang dipanggil Eutikus, dan ketika sapu tangan atau jubahnya dibawa dari tubuhnya kepada orang sakit, maka penyakit meninggalkan mereka dan roh-roh jahat pergi.

Buku ini Bicaralah dengan Suara Mula-Mula adalah buku terakhir dari seri 'Kekudusan dan Kuasa'. Ini menunjukkan kepada Anda jalan untuk mengalami kuasa Allah melalui suara mula-mula. Ada juga pengantar tentang pekerjaan nyata dari kuasa Allah supaya para pembaca dapat menerapkan prinsip-prinsip ini dalam kehidupan mereka sehari-hari. Ada juga 'Contoh-contoh dari Alkitab' yang akan membantu pembaca untuk memahami alam rohani dan prinsip-prinsip dalam menerima jawaban.

Saya mengucapkan terima kasih kepada Geumsun Vin, direktur Biro Editorial dan para staf, dan saya berdoa dalam nama Tuhan agar sebanyak mungkin orang akan menerima jawaban doa dan berkat dengan mengalami suara mula-mula yang memanifestasikan pekerjaan penciptaan.

Jaerock Lee

Kata Pengantar

Sejalan dengan pertumbuhan gereja, Allah mengizinkan kami untuk mengadakan "Kebaktian Kebangunan Rohani Spesial Dua-Minggu Berturut-turut" dari tahun 1993 hingga 2004. Allah ingin agar jemaat gereja memiliki iman rohani dan menangkap kilasan dimensi kebaikan, terang, kasih, dan kuasa Allah. Saat tahun-tahun berlalu, Allah membuat mereka mengalami dalam hidup mereka kuasa penciptaan yang melampaui ruang dan waktu.

Khotbah-khotbah yang disampaikan dalam kebaktian kebangunan rohani tersebut dikumpulkan dalam seri 'Kekudusan dan Kuasa'. Bicaralah Dengan Suara Mula-Mula memberi tahu kita tentang beberapa hal rohani yang belum diketahui secara luas, seperti: asal mula Allah; langit mula-mula; pekerjaan kuasa yang dimanifestasikan melalui suara mula-mula dan bagaimana mengalaminya dalam kehidupan sebenarnya.

Bab 1, 'Asal Mula' menerangkan tentang siapakah Allah, bagaimana Ia ada, dan bagaimana serta mengapa Ia menciptakan umat manusia. Bab 2 'Surga' menjelaskan tentang fakta bahwa ada banyak langit dan Allah memerintah atas semua langit ini. Ini terus meyakinkan kita bahwa kita dapat menerima jawaban atas segala persoalan jika kita percaya kepada Allah, melalui contoh Naaman, seorang komandan pasukan Aram. Bab 3, 'Allah Tritunggal' berbicara tentang mengapa Allah mula-mula membagi ruang dan menjadi Allah Tritunggal, serta apa peran masing-masing Trinitas.

Bab 4, 'Keadilan' membahas tentang keadilan Allah dan bagaimana kita dapat menerima jawaban sesuai dengan keadilan itu. Bab 5, 'Ketaatan' memberi tahu kita tentang Yesus yang menaati firman Allah sepenuhnya, dan membahas bahwa kita juga harus menaati firman Allah untuk mengalami pekerjaan Allah. Bab 6, 'Iman' menyatakan bahwa walaupun semua orang percaya mengatakan bahwa mereka percaya, ada perbedaan tingkat jawaban yang diterima, dan itu juga mengajarkan kita apa yang harus kita lakukan untuk menunjukkan iman yang dapat memperoleh kepercayaan penuh dari Allah.

Bab 7, "Tetapi apa katamu, siapakah Aku ini?" berbicara tentang cara agar kita dapat menerima jawaban dengan contoh Petrus, yang menerima janji berkat ketika ia mengaku bahwa Yesus adalah Tuhan dari lubuk hatinya. Bab 8 'Apa yang kaukehendaki supaya Aku perbuat bagimu?' menjelaskan langkah demi langkah proses bagaimana seorang laki-laki buta menerima jawabannya. Bab 9 'Jadilah kepadamu seperti yang engkau percaya' menunjukkan rahasia mengapa si perwira dapat menerima jawabannya, dan memperkenalkan kasus-kasus nyata di gereja kita.

Melalui buku ini, saya berdoa dalam nama Tuhan agar semua pembaca dapat mengerti asal mula Allah dan pekerjaan Allah Trinitas, dan menerima segala sesuatu yang mereka minta melalui ketaatan dan iman mereka yang sesuai dengan keadilan, sehingga mereka dapat memberikan kemuliaan bagi Allah.

April, 2009
Geumsun Vin,
Direktur Biro Editorial

Daftar Isi

Pesan Tentang Penerbitan

Kata Pengantar

Bab 1   Asal Mula   · 1

Bab 2   Surga   · 17

Bab 3   Allah Tritunggal   · 35

Contoh-contoh dari Alkitab I
Berbagai peristiwa yang terjadi ketika gerbang surga kedua terbuka di surga pertama

Bab 4	Keadilan	· 55
Bab 5	Ketaatan	· 73
Bab 6	Iman	· 91

Contoh-contoh dari Alkitab II
Langit ketiga dan ruang dimensi ketiga

Bab 7	Tetapi Apa Katamu, Siapakah Aku Ini?	· 109
Bab 8	Apa Yang Kaukehendaki Supaya Aku Perbuat Bagimu?	· 125
Bab 9	Jadilah Kepadamu Seperti Yang Engkau Percaya	· 141

Contoh-contoh dari Alkitab III
Kuasa Allah, yang menguasai langit keempat

Bab 1 — Asal Mula

> Jika kita memahami asal mula Allah
> dan bagaimana umat manusia bisa ada
> kita dapat melakukan seluruh kewajiban manusia.

Asal mula Allah

Allah mula-mula merencanakan pembinaan manusia

Gambar Allah Trinitas

Allah menciptakan manusia untuk menghasilkan anak-anak sejati

Asal mula manusia

Benih-benih kehidupan dan pembuahan

Allah sang Pencipta yang mahakuasa

"Pada mulanya adalah Firman; Firman itu bersama-sama dengan Allah dan Firman itu adalah Allah."

(Yohanes 1:1)

Kini, banyak orang mencari hal sia-sia karena mereka tidak tahu tentang asal mula alam semesta atau Allah sejati yang memerintah atasnya. Mereka hanya melakukan apa yang mereka sukai karena mereka tidak mengerti mengapa mereka tinggal di dunia ini - yang merupakan maksud dan nilai dari kehidupan. Bagaimanapun, mereka menjalani kehidupan yang bergoyang seperti rumput karena mereka tidak mengetahui asal mula mereka.

Namun, kita dapat percaya kepada Allah dan menjalani kehidupan dengan melakukan 'seluruh kewajiban' manusia jika kita memahami asal mula Allah Trinitas dan bagaimana manusia bisa ada. Sekarang, bagaimanakah asal mula Allah Tritunggal, Bapa, Anak, dan Roh Kudus?

Asal mula Allah

Yohanes 1:1 memberi tahu kita tentang Allah di permulaan waktu, yaitu asal mula Allah. Kapankah 'permulaan waktu' itu? Itu adalah sebelum kekekalan, ketika tidak ada siapa pun kecuali Allah Pencipta di semua ruang alam semesta. Semua ruang di alam semesta tidak hanya menyatakan alam yang kelihatan. Selain alam semesta tempat kita tinggal, ada juga ruang yang tak terbayangkan luasnya dan tiada terukur. Di seluruh alam semesta termasuk semua ruang ini, Allah Pencipta sendiri sudah ada sebelum kekekalan.

Karena semua yang ada di dunia ini memiliki keterbatasan dan awal serta akhir, maka kebanyakan orang tak dapat dengan mudah memahami konsep 'sebelum kekekalan'. Kini, mungkin Allah bisa saja berkata, "Pada mulanya adalah

Allah," tetapi mengapa Ia berkata, "Pada mulanya adalah Firman?" Itu karena dulu Allah tidak memiliki 'bentuk' atau 'penampilan' seperti Ia sekarang.

Manusia di dunia ini memiliki keterbatasan, sehingga mereka selalu menginginkan bentuk atau wujud yang substansial untuk mereka lihat dan sentuh. Itulah sebabnya mereka membuat bermacam-macam berhala untuk disembah. Tetapi bagaimana bisa berhala buatan manusia menjadi allah yang menciptakan langit dan bumi dan segala isinya? Bagaimana mereka bisa menjadi allah yang memiliki kendali atas kehidupan, kematian, keberuntungan, dan kemalangan, dan bahkan sejarah umat manusia?

Allah ada sebagai Firman pada permulaan waktu, tetapi karena manusia harus dapat mengenali keberadaan Allah, Ia mengenakan suatu wujud. Jadi, bagaimana Allah, yang pada mulanya adalah Firman, menjadi ada? Ia ada sebagai cahaya yang indah dan suara yang agung. Ia tidak membutuhkan nama atau bentuk. Ia ada sebagai Cahaya yang memiliki suara dan memerintah semua ruang di alam semesta. Seperti dikatakan oleh Yohanes 1:5 Allah adalah Terang, Ia mengisi semua ruang di seluruh alam semesta dengan cahaya dan memiliki suara di dalamnya, dan suara itu adalah 'Firman' yang disebutkan di dalam Yohanes 1:1.

Allah mula-mula merencanakan pembinaan manusia

Ketika waktunya tiba, Allah yang sudah ada sebagai Firman pada mulanya mulai membuat rencana. Hal itu adalah untuk 'pembinaan manusia'. Secara sederhana, ini adalah rencana untuk menciptakan manusia dan membuat mereka bertambah jumlahnya, sehingga sebagian dari mereka akan maju dan menjadi anak-anak sejati Allah yang menyerupai Dia. Kemudian Allah membawa mereka ke dalam kerajaan surga dan hidup bahagia selamanya berbagi kasih dengan mereka.

Setelah menyiapkan rencana ini dalam benaknya, Allah mewujudkan rencana ini selangkah demi selangkah. Pertama-tama Ia membagi seluruh alam semesta. Saya akan menjelaskan tentang angkasa dengan lebih terinci dalam bab kedua. Sebenarnya, semua ruang yang ada bukan hanya satu ruang, dan Allah memisahkan seluruh ruang ke dalam banyak ruang tergantung dari kebutuhan pembinaan manusia. Dan peristiwa yang sangat penting terjadi setelah pemisahan itu berlangsung.

Sebelum permulaan waktu hanya ada Satu Allah, tetapi kemudian Allah menjadi ada sebagai Trinitas Bapa, Anak, dan Roh Kudus. Ini seperti Allah Bapa melahirkan Allah Anak dan Allah Roh Kudus. Karena alasan inilah, Alkitab menyebut Yesus sebagai Anak Allah yang tunggal. Dan Ibrani 5:5 "Anak-Ku Engkau! Engkau telah Kuperanakkan pada hari ini."

Allah Anak dan Allah Roh Kudus memiliki hati dan kuasa yang sama karena mereka datang dari Satu Allah. Trinitas adalah sama dalam segalanya. Karena inilah Filipi 2:6-7 mengatakan tentang Yesus, "...yang, walaupun ada dalam rupa Allah, tidak menganggap kesetaraan dengan Allah itu sebagai sesuatu yang harus dipertahankan, melainkan telah mengosongkan diri-Nya sendiri, dan mengambil rupa seorang hamba, dan menjadi sama dengan manusia."

Gambar Allah Trinitas

Pada mulanya, Allah ada sebagai Firman yang berada dalam Cahaya tersebut, tetapi Ia menjadi memiliki bentuk Allah Trinitas demi pembinaan umat manusia. Kita dapat membayangkan gambar Allah jika kita memikirkan adegan ketika Allah menciptakan manusia. Berfirmanlah Allah: "Baiklah Kita menjadikan manusia menurut gambar dan rupa Kita, supaya mereka berkuasa atas ikan-ikan di laut dan burung-burung di udara dan atas ternak dan atas seluruh bumi dan atas segala binatang melata yang merayap di bumi." Di sini, 'Kita' merujuk pada Trinitas Bapa, Anak, dan Roh Kudus, dan kita dapat mengerti bahwa kita diciptakan dalam gambar Allah Trinitas.

Dikatakan bahwa, "Baiklah Kita menjadikan manusia menurut gambar dan rupa Kita," dan kita juga dapat memahami gambar seperti apakah yang dimiliki Allah Tritunggal. Tentu saja, menciptakan manusia dalam gambar Allah tidak hanya berarti bahwa penampilan luar kita seperti Allah. Manusia juga diciptakan seperti gambar Allah di dalam; ia dipenuhi dengan kebaikan dan kebenaran di dalam.

Tetapi ketika manusia pertama Adam berbuat dosa ketidakpatuhan, dan kemudian ia kehilangan gambar pertama yang diberikan ketika ia diciptakan. Dan ia menjadi rusak dan ternoda oleh dosa dan kejahatan. Maka, jika kita sungguh-sungguh mengerti bahwa tubuh dan hati kita diciptakan dalam gambar Allah, kita harus memulihkan gambar Allah yang hilang ini.

Allah menciptakan manusia untuk menghasilkan anak-anak sejati

Setelah pemisahan ruang, Allah Trinitas mulai menciptakan hal-hal yang diperlukan satu demi satu. Misalnya, Ia tidak memerlukan tempat tinggal ketika Ia hadir sebagai Cahaya dan Suara. Tetapi setelah Ia memiliki wujud, maka Ia memerlukan tempat tinggal dan juga malaikat-malaikat serta pelayan surgawi yang melayani-Nya. Maka, pertama-tama Ia menciptakan makhluk-makhluk rohani di alam roh, dan kemudian Ia menciptakan semua hal di alam semesta yang kita tinggali.

Tentu saja Ia tidak menciptakan langit dan bumi di alam kita begitu Ia menciptakan segala sesuatu di alam roh. Setelah Allah Trinitas menciptakan alam roh, Ia berdiam dengan para pelayan surgawi dan malaikat di sana untuk waktu yang tak terbatas panjangnya. Setelah waktu yang demikian lama, Ia kemudian menciptakan segala sesuatu di alam jasmani. Barulah setelah menciptakan semua alam tempat manusia dapat tinggal, Ia menciptakan manusia dalam gambar-Nya sendiri.

Nah, apakah alasan mengapa Allah menciptakan manusia walaupun ada sangat banyak manusia dan juru surga yang melayani Dia? Ini karena Allah ingin memperoleh anak-anak sejati. Anak-anak sejati adalah mereka yang menyerupai Allah dan dapat berbagi kasih sejati dengan Allah. Kecuali beberapa yang istimewa, para juru surga dan malaikat menaati dan melayani secara tanpa syarat, mirip seperti robot. Jika Anda membayangkan orangtua dan anak-anak, tidak ada orangtua yang akan lebih mengasihi robot yang taat daripada anak-anaknya sendiri. Mereka mengasihi anak-anaknya karena mereka dapat berbagi kasih dengan satu sama lain secara sukarela.

Di sisi lain, manusia dapat mampu untuk taat dan mengasihi Allah dengan kehendak bebas mereka. Tentu saja, manusia tidak dapat memahami hati Allah dan berbagi kasih dengan-Nya begitu mereka lahir. Mereka harus mengalami banyak hal seiring dengan mereka bertumbuh dewasa, sehingga mereka dapat merasakan kasih Allah dan menyadari seluruh kewajiban manusia. Hanya orang-orang inilah yang dapat mengasihi Allah dengan hati mereka dan menaati kehendak-Nya.

Orang yang demikian tidak mengasihi Allah karena mereka terpaksa. Mereka tidak menaati firman Allah karena takut akan pembalasan. Mereka hanya mengasihi Allah dan mengucap syukur kepada-Nya dengan kehendak bebas mereka sendiri. Dan, perilaku yang seperti ini tidak akan berubah. Allah membina manusia untuk memperoleh anak-anak sejati yang Allah dapat berbagi kasih, serta memberi dan menerima dari hati. Agar ini dapat terjadi, Ia menciptakan manusia pertama, Adam.

Asal mula manusia

Nah, bagaimanakah asal mula manusia? Kejadian 2:7 berkata, "Ketika itulah TUHAN Allah membentuk manusia itu dari debu tanah dan menghembuskan nafas hidup ke dalam hidungnya; demikianlah manusia itu menjadi makhluk yang hidup." Maka, manusia adalah makhluk istimewa yang melampui semua yang diakui oleh teori evolusi Darwin. Manusia tidak berkembang dari hewan yang lebih rendah dan menjadi seperti sekarang ini. Manusia diciptakan dari gambar Allah, dan Allah meniupkan nafas kehidupan kepada mereka. Ini artinya roh dan tubuh datang dari Allah.

Karenanya, manusia adalah makhluk rohani yang datang dari atas. Kita jangan hanya memikirkan tentang diri kita sebagai hewan yang lebih maju daripada hewan lainnya. Jika kita melihat fosil-fosil yang ditampilkan sebagai bukti evolusi, tidak akan ada fosil perantara yang dapat menghubungkan spesies-spesies berbeda. Sebaliknya, ada lebih banyak bukti akan penciptaan.

Misalnya, semua manusia memiliki dua mata, dua telinga, satu hidung, dan satu mulut. Dan semuanya terletak di lokasi yang sama. Dan, bukan hanya manusia. Semua hewan juga memiliki struktur yang hampir sama. Ini adalah bukti bahwa semua makhluk hidup dirancang oleh satu Pencipta. Selain ini, fakta bahwa semua hal di alam semesta berjalan dalam tatanan yang sempurna, tanpa ada kesalahan satu pun adalah bukti dari penciptaan Allah.

Hari ini, ada banyak orang yang menganggap bahwa manusia berevolusi dari hewan, dan dengan demikian mereka tidak menyadari dari mana mereka datang, dan mengapa mereka tinggal di sini. Tetapi begitu kita menyadari bahwa kita adalah makhluk kudus yang diciptakan menurut gambar Allah, kita dapat memahami siapa Bapa kita. Kemudian, kita akan secara alami mencoba untuk hidup menurut Firman-Nya dan menyerupai Dia.

Kita mungkin menganggap bapa kita adalah bapa jasmani kita. Tetapi jika kita menelusuri ke atas, maka bapa jasmani yang pertama adalah manusia pertama Adam. Sehingga, kita dapat mengerti bahwa Bapa sejati kita adalah Allah yang menciptakan manusia. Pada mulanya, benih kehidupan juga diberikan oleh Allah. Dengan pengertian ini, orangtua kita hanya meminjamkan tubuh mereka sebagai alat bagi benih-benih itu untuk bersatu dan kita dapat dibuahi.

Benih-benih kehidupan dan pembuahan

Allah memberikan benih kehidupan. Ia memberikan sperma kepada laki-laki dan sel telur kepada perempuan supaya mereka dapat melahirkan anak-anak. Dengan begini, manusia tak dapat melahirkan anak-anak dengan kemampuan mereka sendiri. Allah memberi mereka benih kehidupan supaya mereka dapat melahirkan.

Benih-benih kehidupan mengandung kuasa Allah yang dapat membuat semua organ manusia. Benih ini juga terlalu kecil untuk dapat dilihat mata telanjang, tetapi kepribadian, penampilan, kebiasaan, dan kekuatan-hidup semua terkumpul di dalamnya. Jadi, ketika anak-anak dilahirkan, mereka tidak hanya mengikuti penampilan tetapi juga kepribadian orangtuanya.

Jika manusia memiliki kemampuan untuk melahirkan, mengapa ada pasangan mandul yang bergumul untuk memiliki anak? Pembuahan sepenuhnya milik Allah. Kini, manusia melakukan inseminasi buatan di klinik-klinik, tetapi mereka tidak pernah bisa menciptakan sperma dan sel telur. Kuasa penciptaan hanyalah milik Allah.

Banyak orang percaya, tidak hanya di gereja kita tetapi juga di negara-negara lain, yang mengalami kuasa penciptaan Allah ini. Ada banyak pasangan yang tidak dapat memiliki anak setelah lama menikah, bahkan sampai 20 tahun. Mereka mencoba semua metode yang ada tanpa hasil. Tetapi setelah didoakan, banyak dari mereka yang melahirkan anak-

anak yang sehat.

Beberapa tahun yang lalu, ada pasangan yang tinggal di Jepang menghadiri kebaktian kebangunan rohani di sini dan menerima doa saya. Mereka disembuhkan tidak hanya dari penyakit mereka, tetapi mereka juga menerima berkat pembuahan. Berita seperti itu tersebar dan semakin banyak orang dari Jepang yang datang untuk didoakan oleh saya. Mereka juga menerima berkat pembuahan menurut iman mereka. Ini kemudian membuat dibangunnya gereja cabang di wilayah tersebut.

Allah sang Pencipta yang Mahakuasa

Kini kita melihat perkembangan ilmu medis yang canggih, tetapi menciptakan kehidupan hanya dapat terjadi oleh kuasa Allah, pengatur semua kehidupan. Melalui kuasa-Nya, orang-orang yang mati dibangkitkan kembali; orang yang menerima hukuman mati dari rumah sakit disembuhkan; banyak penyakit tak tersembuhkan yang tak dapat ditangani oleh ilmu pengetahuan atau kedokteran manusia menjadi sembuh.

Suara mula-mula yang diucapkan oleh Allah dapat menciptakan sesuatu dari ketiadaan. Ini dapat memanifestasikan pekerjaan kuasa di mana tiada yang mustahil. Roma 1:20 berkata, "Sebab apa yang tidak nampak dari pada-Nya, yaitu kekuatan-Nya yang kekal dan keilahian-Nya, dapat nampak kepada pikiran dari karya-Nya sejak dunia diciptakan, sehingga mereka tidak dapat berdalih." Hanya dengan melihat hal-hal ini, kita dapat melihat kuasa dan karakteristik ilahi Allah sang Pencipta yang merupakan permulaan segala sesuatu.

Jika manusia mencoba memahami Allah dalam jangkauan

pengetahuan mereka sendiri, maka mereka pasti memiliki keterbatasan. Itulah sebabnya ada banyak orang yang tidak percaya pada firman yang tertulis di Alkitab. Juga, ada yang mengatakan bahwa mereka percaya tetapi mereka tidak percaya semua firman di Alkitab sepenuhnya. Karena Yesus mengetahui keadaan manusia ini, Ia mengonfirmasi pekerjaan yang Ia khotbahkan dengan begitu banyak pekerjaan penuh kuasa. Ia berkata, "Jika kamu tidak melihat tanda dan mujizat, kamu tidak percaya" (Yohanes 4:48).

Sekarang pun sama. Allah tidak terbatas. Jika kita percaya pada Allah yang mahakuasa ini dan sepenuhnya mengandalkan Dia, maka segala permasalahan dapat diatasi dan segala penyakit dapat disembuhkan.

Allah mulai menciptakan semua hal dengan Firman-Nya dengan mengatakan, "Jadilah terang." Ketika suara mula-mula Allah Pencipta diucapkan, maka orang buta jadi dapat melihat, dan mereka yang duduk di kursi lumpuh serta berjalan dengan kruk akan berjalan dan melompat. Saya berharap Anda dapat menerima jawaban untuk semua doa Anda dan berharap dengan iman ketika sura mula-mula Allah diucapkan.

Emmanuel Marallano Yaipen (Lima, Peru)

Dibebaskan dari rasa takut akan AIDS

Saya menjalani pemeriksaan medis untuk bergabung dengan tentara di tahun 2012, dan saya mendengar, "Kamu menderita HIV positif." Itu sungguh merupakan berita yang tak terduga. Saya merasa terkutuk.

Saya tidak menganggap serius penyakit diare yang sering saya alami.

Saya hanya bisa duduk di kursi dan merasa sangat tidak berdaya.

'Bagaimana aku dapat memberi tahu ibuku tentang hal ini?'

Saya merasakan nyeri, tetapi hati saya bahkan lebih hancur karena memikirkan ibu saya. Saya semakin sering mengalami diare, dan ada kerak di mulut dan ujung-ujung jari saya. Rasa takut saya akan kematian semakin mencekam saya.

Tetapi kemudian saya mendengar bahwa ada hamba Allah yang

penuh kuasa dari Korea Selatan yang akan datang ke Peru pada bulan Desember 2004. Tetapi saya tak dapat memercayai bahwa penyakit saya akan disembuhkan.

Saya menyerah, tetapi nenek saya mendorong saya dengan keras agar datang ke kebaktian itu. Akhirnya saya datang ke 'Campo de Marte' tempat diadakannya 'Kebaktian Penginjilan Peru Bersatu 2004 bersama Pdt. Dr. Jaerock Lee'. Saya ingin berpegang pada harapan terakhir ini.

Tubuh saya sudah merasakan semangat oleh kuasa Roh Kudus saat mendengarkan pesan tersebut. Pekerjaan Roh Kudus yang dimanifestasikan adalah rangkaian mukjizat.

Pdt. Dr. Jaerock Lee tidak berdoa untuk masing-masing orang, tetapi ia hanya mendoakan seluruh kerumunan. Namun ada begitu banyak orang yang bersaksi bahwa mereka disembuhkan. Banyak orang yang berdiri dari kursi rodanya dan membuang kruk mereka. Banyak orang yang bersuka cita karena penyakit mereka yang tak dapat tersembuhkan menjadi sembuh.

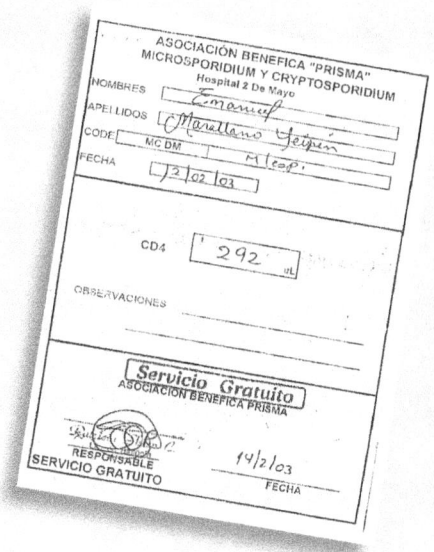

Mukjizat juga terjadi pada saya. Saya ke kamar mandi setelah kebaktian penginjilan selesai, dan untuk pertama kalinya setelah waktu yang sangat lama saya bisa buang air kecil dengan normal. Diare saya berhenti dalam dua setengah bulan. Tubuh saya terasa begitu ringan. Saya yakin bahwa saya disembuhkan dan saya pergi ke rumah sakit. Diagnosisnya menyebutkan bahwa jumlah sel kekebalan CD4 bertambah secara dramatis sampai dalam kisaran normal.

AIDS adalah penyakit yang tak tersembuhkan dan disebut sebagai Maut Hitam. HIV terus menghancurkan sel kekebalan CD4. Ini membuat fungsi kekebalan menjadi sangat rendah dan akan mengakibatkan komplikasi, dan akhirnya kematian.
Sel kekebalan CD4 menjadi sekarat, dan sungguh ajaib bahwa mereka dipulihkan oleh doa Pdt. Dr. Jaerock Lee.

Ekstrak dari Hal-Hal Luar Biasa

Bab 2 — Surga

> Allah mula-mula tinggal di langit keempat,
> memerintah semua langit,
> langit pertama, langit kedua,
> dan langit ketiga.

Banyak langit

Langit pertama dan langit kedua

Taman Eden

Langit ketiga

Langit keempat, tempat tinggal Allah

Allah sang Pencipta, yang Mahakuasa

Allah yang Mahakuasa melampaui keterbatasan manusia

Untuk menemui Allah sang Pencipta yang Mahakuasa

"Hanya Engkau adalah TUHAN. Engkau telah menjadikan langit, ya langit segala langit dengan bala tentaranya, dan bumi dengan segala yang ada diatasnya, dan laut dengan segala yang ada di dalamnya. Engkau memberi hidup kepada semuanya itu dan bala tentara langit sujud menyembah kepada-Mu."

(Nehemia 9:6)

Allah melampaui segala keterbatasan manusia. Ia ada sebelum kekekalan hingga kekekalan. Dunia tempat Ia tinggal ada dalam ruang yang dimensinya sangat berbeda dari dunia ini. Dunia kasat mata tempat manusia tinggal ada di alam jasmani, dan ruang tempat Allah tinggal ada di alam roh. Alam rohani sungguh-sungguh ada, tetapi hanya karena itu tidak terlihat oleh mata kita, manusia cenderung menyangkal keberadannya.

Ada seorang astronot yang dulu mengatakan, "Aku telah menjelajahi alam semesta tetapi tidak ada Allah di sana." Sungguh ucapan yang bodoh! Ia menganggap bahwa alam semesta yang kasat mata itu sajalah yang ada. Tetapi bahkan para ahli astronomi hanya dapat mengatakan bahwa bahkan alam semesta yang kasat mata itu tidak terbatas. Dan seberapa banyak dari alam semesta yang luas ini yang telah dilihat si astronot tersebut sehingga ia dapat menyangkal keberadaan Allah? Dengan keterbatasan manusia, kita bahkan tak dapat menjelaskan semua hal yang ada di alam semesta tempat kita tinggal.

Banyak langit

Nehemia 9:6 mengatakan, "Hanya engkau adalah TUHAN. Engkau telah menjadikan langit, ya langit segala langit dengan bala tentaranya, dan bumi dengan segala yang ada diatasnya, dan laut dengan segala yang ada di dalamnya. Engkau memberi hidup kepada semuanya itu dan bala tentara langit sujud menyembah kepada-Mu." Ini memberi tahu kita bahwa tidak hanya ada satu surga melainkan ada banyak.

Lalu, sebenarnya ada berapa langit? Jika Anda percaya kerajaan surga, maka Anda mungkin menganggap ada dua langit. Yang satunya adalah langit di alam jasmani ini, dan yang lainnya adalah kerajaan surga yang merupakan surga di alam rohani. Tetapi Alkitab menyebutkan beberapa jumlah langit di banyak tempat.

"Bagi Dia yang berkendaraan melintasi langit purbakala. Perhatikanlah, Ia memperdengarkan suara-Nya, suara-Nya yang dahsyat!" (Mazmur 68:33).

"Tetapi benarkah Allah hendak diam di atas bumi? Sesungguhnya langit, bahkan langit yang mengatasi segala langitpun tidak dapat memuat Engkau, terlebih lagi rumah yang kudirikan ini." (1 Raja-Raja 8:27)

Dikatakan, "Aku tahu tentang seorang Kristen; empat belas tahun yang lampau--entah di dalam tubuh, aku tidak tahu, entah di luar tubuh, aku tidak tahu, Allah yang mengetahuinya--orang itu tiba-tiba diangkat ke tingkat yang ketiga dari sorga.

Rasul Paulus yang diangkat ke surga langit ketiga memberi tahu kita bahwa ada langit pertama, kedua, dan ketiga, dan bisa jadi ada lebih banyak langit lainnya.

Stefanus juga berkata dalam Kisah Para Rasul 7:56, "Sungguh, aku melihat langit terbuka dan Anak Manusia berdiri di sebelah kanan Allah." Jika mata rohani manusia dibukakan, mereka dapat melihat alam rohani dan menyadari keberadaan kerajaan surga.

Kini, bahkan para ilmuwan mengatakan ada banyak langit. Salah satu ilmuwan terkemuka dalam topik ini adalah Max Tegmark, seorang kosmologis, yang memperkenalkan konsep empat tingkat alam semesta.

Pada dasarnya konsep ini mengatakan bahwa berdasarkan pengamatan kosmologis, alam semesta kita adalah bagian dari seluruh alam semesta tempat beradanya beberapa alam semesta, dan setiap alam semesta mungkin memiliki karakteristik fisik yang berbeda.

Perbedaan karakteristik fisik artinya adalah bahwa karakteristik ruang dan waktu bisa sangat berbeda. Tentu saja, ilmu pengetahuan tak dapat menjelaskan semua hal tentang alam rohani. Namun, bahkan dengan pendekatan ilmiah, kita dapat setidaknya melihat sekilas fakta bahwa alam semesta kita bukan hanya itu.

Langit pertama dan langit kedua

Langit yang banyak itu dapat dikategorikan secara umum ke dalam dua sub-kategori. Ini adalah langit di alam rohani yang tidak terlihat oleh mata kita dan langit di alam jasmani tempat kita tinggal. Alam jasmani tempat kita tinggal adalah langit pertama dan dari langit kedua dimulailah alam rohani. Di langit kedua ada area terang tempat beradanya Taman Eden dan area kegelapan tempat berdiamnya roh-roh jahat.

Efesus 2:2 berkata bahwa roh-roh jahat adalah 'penguasa kerajaan angkasa,' dan 'angkasa' ini ada di langit kedua. Kejadian 3:24 memberi tahu kita bahwa di sebelah timur taman Eden ditempatkan Allah beberapa kerub dengan pedang yang bernyala-nyala dan menyambar-nyambar, untuk menjaga jalan ke pohon kehidupan.

"Ia menghalau manusia itu dan di sebelah timur taman Eden ditempatkan-Nyala beberapa kerub dengan pedang yang bernyala-nyala dan menyambar-nyambar, untuk menjaga jalan ke pohon kehidupan."

Nah, mengapa Allah menempatkan mereka di bagian timur? Ini karena 'timur' adalah semacam perbatasan antara dunia roh-roh jahat dan Taman Eden yang merupakan milik Allah. Allah menjaga Taman Eden untuk mencegah agar roh-roh jahat tidak dapat memasuki Taman, serta makan dari pohon kehidupan dan memperoleh hidup kekal.

Sebelum ia makan dari pohon pengetahuan tentang yang baik dan yang jahat, Adam memiliki kekuasaan yang diterimanya dari Allah untuk memerintah Taman Eden dan atas segalanya di langit pertama. Tetapi Adam diusir dari Taman karena ia melanggar Firman Allah dan makan dari pohon pengetahuan.

Sejak saat itu, diperlukan penjaga Taman Eden tempat beradanya pohon kehidupan itu. Itu sebabnya Allah menempatkan kerubim dan pedang bernyala-nyala yang mengarah ke semua penjuru untuk menggantikan Adam menjaga Taman Eden.

Taman Eden

Dalam Kejadian pasal 2, setelah Allah menciptakan Adam dari debu tanah, Ia membuat taman di Eden dan membawa Adam ke tempat itu. Adam adalah 'makhluk yang hidup" atau 'roh yang hidup'. Ia adalah mahkluk yang hidup dan menerima nafas kehidupan dari Allah. Itulah sebabnya Allah membawa dia ke langit kedua, yang merupakan ruang rohani, agar ia tinggal di sana.

Allah juga memberkati dia untuk menundukkan dan memerintah atas segala mahkluk, saat memasuki bumi di langit pertama. Tetapi setelah Adam berbuat dosa dengan ketidaktaatannya kepada Allah, rohnya menjadi mati dan ia tak dapat lagi tinggal di ruang rohani. Itulah sebabnya ia diusir ke bumi.

Dan orang yang tidak mengerti fakta ini masih mencoba mencari-cari Taman Eden di bumi. Itu karena mereka tidak mengerti bahwa Taman Eden terletak di langit kedua, alam rohani, dan bukan di dunia jasmani ini.

Piramida di Giza, Mesir, salah satu keajaiban dunia, sangat canggih dan luar biasa bahkan seperti dibangun oleh teknologi yang bukan milik manusia. Rata-rata berat batunya masing-masing adalah 2,5 ton. Dan ada 2,3 juta batu yang digunakan untuk membuat piramida. Dari mana mereka memperoleh semua batu itu? Dan juga, alat apa yang mereka gunakan untuk membangunnya pada zaman itu?

Dan siapakah yang membangun piramida-piramida itu? Semua pertanyaan ini dapat dijawab dengan mudah jika kita mengerti tentang banyaknya langit dan alam rohani. Lebih banyak rincian diterangkan dalam pelajaran tentang Kitab

Kejadian. Kini, setelah Adam diusir keluar dari Taman Eden karena ketidaktaatannya, siapakah yang tinggal di Taman itu? Dalam Kejadian 3:16, Allah berkata kepada Hawa setelah ia melakukan dosa, "Susah payahmu waktu mengandung akan Kubuat bertambah banyak (Ing: multiply); dengan kesakitan engkau akan melahirkan anakmu." 'Kubuat bertambah banyak' di sini artinya telah ada rasa sakit saat melahirkan dan itu akan ditingkatkan intensitasnya. Juga, Kejadian 1:28 memberi tahu kita bahwa Adam dan Hawa 'bertambah banyak', artinya Hawa melahirkan saat masih tinggal di Taman Eden.

Karenanya, jumlah anak-anak yang dilahirkan Adam dan Hawa di Taman Eden tidak terhitung. Dan, mereka masih tinggal di sana bahkan setelah Adam dan Hawa diusir keluar karena dosa-dosa mereka. Hanya saja, sebelum Adam berdosa, orang-orang di Taman Eden dapat bepergian ke Bumi dengan bebas, tetapi kemudian dibuat pembatasan setelah Adam diusir keluar.

Konsep ruang dan waktu antara langit pertama dan kedua sangatlah berbeda. Tidak ada aliran waktu di langit kedua juga, tetapi ini tidak terbatas seperti langit pertama, yaitu dunia jasmani kita. Di Taman Eden, tidak ada yang menjadi tua atau mati. Tidak ada yang menjadi musnah atau punah. Bahkan sesudah lama, orang-orang di Taman Eden tidak merasakan lagi perbedaan waktu. Mereka merasa seolah mereka hidup dalam waktu yang tidak mengalir. Juga, ruang di Taman Eden tidak terbatas.

Jika manusia tidak mati di langit pertama, maka kemudian hari akan penuh oleh manusia. Tetapi karena di langit kedua ruangnya tidak terbatas, maka tidak akan pernah penuh seberapa pun banyaknya manusia yang lahir.

Langit ketiga

Ada langit lain yang masuk ke dalam alam rohani. Ini adalah langit ketiga, tempat beradanya kerajaan Surga. Inilah tempat bagi anak-anak Allah yang diselamatkan akan tinggal selamanya. Rasul Paulus menerima wahyu dan penglihatan yang jelas dari Tuhan, dan ia berkata dalam 2 Korintus 12:2-4, "Aku tahu tentang seorang Kristen; empat belas tahun yang lampau—entah di dalam tubuh, aku tidak tahu, entah di luar tubuh, aku tidak tahu, Allah yang mengetahuinya—orang itu tiba-tiba diangkat ke tingkat yang ketiga dari sorga. Aku juga tahu tentang orang itu—entah di dalam tubuh entah di luar tubuh, aku tidak tahu, Allah yang mengetahuinya—ia tiba-tiba diangkat ke Firdaus dan ia mendengar kata-kata yang tak terkatakan, yang tidak boleh diucapkan manusia."

Sama seperti setiap negara memiliki ibukota dan kota-kota yang lebih kecil serta kabupaten dan kecamatan, ada banyak tempat tinggal dalam kerajaan surga dan juga dari permulaan kota Yerusalem Baru, tempat tahta Allah berada, hingga ke Firdaus yang dianggap sebagai pinggiran kerajaan surga. Tempat tinggal kita akan berbeda sesuai dengan seberapa banyak kita mengasihi Allah dan sejauh mana kita menanam hati kebenaran, dan memulihkan citra Allah yang hilang dari bumi ini.

Langit ketiga bahkan memiliki batasan ruang dan waktu yang lebih kecil daripada langit kedua. Langit ketiga ini memiliki waktu abadi dan ruang tanpa batas. Sulit bagi manusia, yang hidup di langit pertama, untuk memahami ruang dan waktu di kerajaan surga. Mari kita bayangkan sebuah balon. Sebelum Anda meniup udara ke dalamnya, ukuran dan volume balon itu terbatas. Tapi semua itu dapat berubah dengan drastis tergantung pada sebanyak apa Anda meniupkan udara ke dalamnya. Ruang di kerjaan surga mirip seeprti itu. Ketika kita membangun rumah di bumi ini, kita memerlukan sebidang tanah, dan di ruang yang kita ciptakan di tanah itu akan terbatas. Tetapi pada ruang di langit ketiga, kita dapat membangun dengan cara yang sangat berbeda dari bumi ini, karena konsep area, volume, panjang, dan tinggi di sana di luar konsep bumi ini.

Langit keempat, tempat tinggal Allah

Langit keempat adalah ruang mula-mula tempat Allah ada sebelum permulaan waktu, sebelum Ia memisahkan seluruh alam semesta menjadi beberapa langit. Di langit kedua, tidak ada artinya menggunakan konsepsi ruang dan waktu. Langit keempat melampaui segala konsep ruang dan waktu, dan di tempat itu apa pun yang Allah inginkan dalam hati-Nya akan terjadi seketika. Tuhan yang dibangkitkan tampil ke hadapan murid-murid-Nya yang takut akan orang Yahudi dan bersembunyi di rumah dengan semua pintu terkunci (Yohanes 20:19-29). Ia muncul di tengah-tengah rumah walaupun tidak ada orang yang membukakan pintu untuk-Nya. Ia juga muncul tiba-tiba di hadapan murid-murid-Nya yang sedang berada di Galilea dan makan bersama mereka (Yohanes 21:1-14). Ia ada di dunia ini selama 40 hari dan naik ke surga dengan mengendarai awan-awan dengan dilihat banyak orang. Kita dapat melihat Yesus Kristus yang dibangkitkan dapat melintasi ruang dan waktu fisik.

Maka, seberapakah ajaib hal-hal di langit keempat yang ada di tempat tinggal Allah mula-mula? Sama seperti Ia menginginkan dan memerintah atas semua ruang di alam semesta saat Ia ada sebagai Cahaya yang memiliki Suara, Ia memerintah atas semua langit pertama, langit kedua, dan langit ketiga dan tinggal di langit keempat.

Allah sang Pencipta, yang Mahakuasa

Dunia ini di mana umat manusia hanyalah sebutir debu dibandingkan langit lainnya yang lebih luas dan misterius. Di bumi, manusia melakukan apa saja untuk menjalani hidup yang lebih baik melalui segala kesulitan dan kesukaran. Bagi mereka, hal-hal di bumi ini sangat rumit dan masalah sangat sulit dipecahkan, tetapi tidak ada satu pun dari hal ini yang menjadi masalah bagi Allah.

Seperti manusia yang sedang memperhatikan dunia semut. Kadang-kadang semut kesulitan membawa makanan. Tetapi manusia dapat dengan mudah menaruhnya ke rumah semut itu. Jika semut menemui genangan air yang terlalu besar untuk diseberangi, manusia dapat mengangkatnya dan memindahkannya ke tanah di seberang genangan tersebut. Seberapa pun sulitnya masalah itu bagi semut, hal itu kecil bagi manusia. Demikian juga, dengan bantuan Allah Mahakuasa, tidak ada yang jadi masalah.

Perjanjian Lama sering kali menjadi saksi kemahakuasaan Allah. Dengan kuasa Allah mahakuasa, Laut Merah terbelah dan Sungai Yordan yang meluap berhenti. Langit dan bulan berhenti bergerak, dan ketika Musa memukul batu dengan tongkatnya, air memancur keluar. Seberapa pun besar kuasanya dan seberapa pun kayanya serta seberapa pun pengetahuan yang dimiliki manusia, apakah mungkin ia dapat membelah laut dan menghentikan matahari dan bulan? Tetapi Yesus mengatakan dalam Markus 10:27, "Bagi manusia hal itu tidak mungkin, tetapi bukan demikian bagi Allah. Sebab segala sesuatu adalah mungkin bagi Allah."

Perjanjian Baru juga menampilkan banyak kasus ketika orang sakit dan cacat disembuhkan dan dibuat menjadi utuh dan bahkan orang mati dibangkitkan kembali oleh kuasa Allah. Ketika atau kain yang pernah disentuh Paulus dibawa kepada orang sakit, maka sakit-penyakit disembuhkan dan setan-setan pergi.

Allah yang Mahakuasa melampaui keterbatasan manusia

Bahkan kini, jika kita meminta pertolongan kuasa Allah, tidak ada yang akan menjadi masalah. Bahkan masalah-masalah yang keliatannya paling sulit sekalipun tidak akan lagi menjadi masalah. Dan ini terbukti setiap minggu di gereja tempat saya melayani. Ada begitu banyak penyakit tak tersembuhkan termasuk AIDS yang disembuhkan saat orang percaya mendengarkan Firman Allah dalam kebaktian penyembahan dan menerima doa kesembuhan. Bukan hanya di Korea Selatan tetapi juga banyak orang di seluruh dunia yang telah mengalami pekerjaan penyembuhan ajaib yang tertulis di Alkitab. CNN pernah ditampilkan pekerjaan-pekerjaan demikian. Selain itu, kita memiliki para asisten pendeta yang berdoa dengan sapu tangan yang sudah saya doakan. Melalui doa-doa yang demikian, banyak pekerjaan ilahi yang luar biasa terjadi melampaui ruang dan ras dan budaya.

Juga bagi saya, semua masalah hidup saya terpecahkan setelah saya bertemu Allah Pencipta. Ada begitu banyak penyakit yang menghinggapi saya sampai saya diberi julukan "supermarket penyakit". Tidak ada damai sejahtera dalam keluarga saya. Saya tidak dapat melihat secercah harapan pun. Tetapi semua penyakit saya disembuhkan begitu saya berlutut di gereja. Allah memberkati saya untuk membayar kembali semua hutang finansial yang saya miliki. Hutang saya begitu besar sehingga rasanya mustahil saya akan bisa membayarnya seumur hidup saya, tetapi itu semua terbayar hanya dalam beberapa bulan. Keluarga saya menemukan kembali kebahagiaan dan sukacita. Di atas segalanya, Allah memberi saya panggilan untuk menjadi pendeta dan memberi saya kuasa-Nya untuk menyelamatkan jiwa-jiwa.

Kini ada begitu banyak orang yang mengatakan bahwa mereka percaya kepada Allah, tetapi hanya sedikit yang hidup dengan iman sejati. Jika mereka mengalami masalah, kebanyakan dari mereka akan mengandalkan cara-cara manusia, bukannya mengandalkan Allah. Mereka merasa frustrasi dan hilang semangat ketika masalah mereka tidak terselesaikan dengan cara-cara mereka sendiri. Jika mereka jatuh sakit, mereka tidak berpaling kepada Allah, tetapi mengandalkan dokter di rumah sakit. Jika mereka menghadapi kesusahan dalam usahanya, mereka akan mencari pertolongan dari sana-sini.

Ada orang percaya yang mengeluh kepada Allah atau

kehilangan iman karena kesusahan fisik. Mereka menjadi tidak stabil imannya dan hilang kepenuhan jika mereka dianiaya atau ketika mereka berharap mengalami kerugian akibat berjalan dalam kebenaran. Namun, jika mereka percaya bahwa Allah menciptakan semua langit ini dan Ia membuat segala sesuatu menjadi mungkin, tentu saja mereka akan melakukannya. Allah menciptakan semua jenis organ dalam manusia. Apakah ada jenis penyakit serius yang tdak dapat disembuhkan Allah? Allah berfirman, "Kepunyaan-Kulah perak dan kepunyaan-Kulah emas" (Hagai 2:8). Apakah Ia tak dapat membuat anak-anak-Nya menjadi kaya? Allah dapat melakukan apa pun, tetapi manusia merasa takut, lemah, dan menjauh dari kebenaran karena mereka tidak percaya kepada Allah Mahakuasa. Tidak peduli apa pun masalah yang kita miliki, kita dapat menyelesaikannya kapan pun jika kita memercayai Allah dari kedalaman hati kita dan mengandalkan Dia.

Untuk menemui Allah sang Pencipta yang Mahakuasa

Kisah tentang panglima pasukan Naaman dalam 2 Raja-Raja pasal 5 mengajar kita bagaimana menerima jawaban atas masalah kita dari Allah Mahakuasa. Naaman adalah panglima pasukan Aram, tetapi ia tak dapat melakukan apa pun untuk penyakit kusta yang dideritanya.

Pada suatu hari ia mendengar dari seorang hamba Ibrani kecil tentang kuasa Allah yang telah dilakukan oleh Nabi Elisa dari Israel. Ia adalah orang kafir yang tidak percaya kepada Allah, tetapi ia tidak mengabaikan kata-kata si anak perempuan tersebut karena ia memiliki hati yang baik. Ia menyiapkan barang-barang berharga untuk menemui Elisa, hamba Allah, dan memulai perjalanan panjang.

Tetapi ketika ia datang ke rumah Elisa, sang nabi tidak berdoa maupun menyambut dia. Yang dilakukan Elisa hanyalah menyuruh pelayannya untuk menyampaikan pesan agar membasuh tubuhnya di Sungai Yordan tujuh kali. Awalnya ia merasa tersinggung, tetapi tidak lama kemudian ia berubah pikiran dan taat. Walaupun perbuatan maupun perkataan Elisa tidak masuk akal dalam pemikirannya, ia percaya dan taat karena nabi Allah yang telah melakukan banyak pekerjaan dengan kuasa Alllah yang mengucapkannya.

Ketika Naaman membasuh dirinya di Sungai Yordan sebanyak tujuh kali, penyakit kustanya secara ajaib menghilang sepenuhnya. Nah, apakah yang dilambangkan oleh membasuh dirinya di Sungai Yordan sebanyak tujuh kali itu? Air adalah Firman Allah. Itu artinya ia dapat diampuni dari dosa-dosanya jika ia membersihkan hal-hal kotor dari hatinya dengan Firman Allah, seperti ia membersihkan tubuhnya dengan air. Karena angka tujuh berarti kesempurnaan, mencelupkannya tujuh kali menandakan bahwa ia diampuni sepenuhnya.

Seperti yang sudah dijelaskan, agar kita manusia dapat menerima jawaban dari Allah yang mahakuasa, jalan komunikasi harus dibuka antara Allah dan kita dengan diampuni dari dosa-dosa kita. Dikatakan dalam Yesaya 59:1-2, "Sesungguhnya, tangan TUHAN tidak kurang panjang untuk menyelamatkan, dan pendengaran-Nya tidak kurang tajam untuk mendengar. Tetapi yang merupakan pemisah antara kamu dan Allahmu ialah segala kejahatanmu, dan yang membuat Dia menyembunyikan diri terhadap kamu, sehingga Ia tidak mendengar, ialah segala dosamu."

Jika kita tidak mengenal Allah dan belum menerima Yesus Kristus, kita harus bertobat karena belum menerima Yesus Kristus (Yohanes 16:9). Allah mengatakan bahwa kita sama saja dengan pembunuh jika kita membenci saudara kita (1 Yohanes 3:15), dan kita harus bertobat jika kita tidak mengasihi saudara kita. Yakobus 4:2-3 berkata, "Kamu menginginkan sesuatu, tetapi kamu tidak memperolehnya, lalu kamu membunuh; Kamu iri hati, tetapi kamu tidak mencapai tujuanmu; lalu kamu bertengkar dan kamu berkelahi. Kamu tidak memperoleh apa-apa, karena kamu tidak berdoa. Atau kamu berdoa juga, tetapi kamu tidak menerima apa-apa, karena kamu salah berdoa, sebab yang kamu minta itu hendak kamu habiskan untuk memuaskan hawa nafsumu." Dengan demikian kita harus bertobat dari doa yang dipenuhi keserakahan dan doa dengan keraguan (Yakobus 1:6-7).

Terlebih lagi, jika kita tidak melakukan Firman Allah sambil mengaku iman kita, kita harus bertobat dengan sepenuhnya. Kita jangan hanya mengatakan bahwa kita menyesal. Kita harus menyerahkan hati kita sepenuhnya sambil meneteskan airmata dan hidung kita basah. Pertobatan kita dapat dianggap sebagai pertobatan sejati hanya ketika kita memiliki tekad yang kuat untuk hidup menurut Firman Allah dan sungguh-sungguh melakukannya.

Ulangan 32:39 berkata, "Lihatlah sekarang, bahwa Aku, Akulah Dia. Tidak ada Allah kecuali Aku. Akulah yang mematikan dan yang menghidupkan. Aku telah meremukkan, tetapi Akulah yang menyembuhkan, dan seorangpun tidak ada yang dapat melepaskan dari tangan-Ku." Inilah Allah yang kita percayai.

Allah menciptakan langit bumi dan segala isinya. Ia mengetahui keadaan kita. Ia cukup berkuasa untuk menjawab semua doa kita. Tidak peduli seberapa pun putus asa atau beratnya keadaan manusia, Ia dapat membalikkan segalanya seperti membalikkan koin. Karenanya, saya berharap Anda akan menerima jawaban doa dan kerinduan hati Anda dengan memiliki iman sejati untuk mengandalkan Allah saja.

Dr. Vitaliy Fishberg (New York City, Amerika Serikat)

Di lokasi Mukjizat

Sebelum saya lulus dari sekolah kedokteran Moldova, saya adalah kepala editor dari jurnal medis 'Your Family Doctor' yang merupakan jurnal terkenal di Moldova, Ukraina, Rusia, dan Belarus. Tahun 1997, saya pindah ke AS. Saya memperoleh gelar doktorat saya dalam Kedokteran Naturopati, S3 dalam Nutrisi Klinis dan Pengobatan Integrasi, Doktorat dalam Pengobatan Alternatif, Doktorat dalam Pengobatan Ortomolekuler, dan Doktor kehormatan dalam Ilmu Kesehatan Alami. Ketika saya datang ke New York setelah sekolah, saya segera menjadi terkenal di kalangan komunitas Rusia dan banyak surat kabar yang menerbitkan artikel saya setiap minggu. Pada tahun 2006, saya mendengar bahwa akan ada kebaktian Kristen besar-besaran di Madison Square Garden. Saya memiliki kesempatan bertemu dengan delegasi gereja Manmin, dan saya merasakan kuasa Roh Kudus melalui mereka. Dua minggu kemudian saya datang ke kebaktian penginjilan.

Pdt. Dr. Jaerock Lee berdoa bagi para hadirin setelah mengkhotbahkan tentang mengapa Yesus adalah Juru Selamat kita. "Tuhan, sembuhkanlah mereka! Allah, Bapa, jika pesan yang saya khotbahkan tidak benar, jangan biarkan saya melakukan pekerjaan penuh kuasa pada malam ini! Tetapi jika itu benar, mari bawa jiwa-jiwa untuk melihat bukti Allah yang hidup. Biar yang lumpuh berjalan! Biar yang tuli dapat mendengar! Semua penyakit yang tidak dapat disembuhkan, dibakar oleh api Roh Kudus dan menjadi semua!"

Saya sangat terkejut mendengar doa yang sedemikian. Bagaimana jika tidak terjadi penyembuhan ilahi? Bagaimana bisa ia berdoa dengan begitu percaya diri seperti itu? Tetapi hal-hal ajaib sudah terjadi bahkan sebelum doa bagi orang sakit itu selesai. Orang-orang yang menderita akibat roh-roh jahat dibebaskan. Orang bisu dapat berbicara. Orang buta dapat melihat. Ada begitu banyak orang yang memberikan kesaksian bahwa cacat pendengaran mereka disembuhkan. Banyak orang yang berdiri dari kursi rodanya dan membuang kruk mereka. Ada dari mereka yang bersaksi bahwa mereka disembuhkan dari AIDS.

Saat kebaktian penginjilan berjalan, kuasa Allah ditampilkan dengan semakin luar biasa. Para dokter dari World Christian Doctors Network, WCDN, yang datang berbagai negara memasang meja untuk menerima segala kesaksian. Mereka mencoba untuk memverifikasi semua kesaksian, dan pada akhirnya kami sampai kehabisan dokter yang dapat mendaftarkan semua orang yang menyaksikan tentang kesembuhan mereka.

Nubia Cano, seorang wanita berusia 54 tahun yang tinggal di Queens didiagnosis dengan kanker tulang punggung pada tahun 2003.. Ia menjadi tak dapat bergerak maupun berjalan. Ia menghabiskan seluruh waktunya di tempat tidur dan rasa sakit yang sangat menyiksa memaksanya untuk menggunakan suntikan morfin setiap dua jam. Dokter mengatakan bahwa ia tak akan pernah berjalan kembali.

Ketika ia datang ke "Kebaktian Penginkilan New York 2006 bersama Pdt. Dr. Jaerock Lee" dengan seorang teman, ia melihat banyak orang melihat penyembuhan dari Allah, dan imannya mulai tumbuh. Ketika ia menerima doa dari Pdt. Lee, ia merasakan kehangatan di seluruh tubuhnya dan merasa seolah ada orang yang sedang memijat punggungnya. Rasa sakit di punggungnya menghilang dan sejak kebaktian penginjilan itu, ia sudah dapat kembali berjalan dan membungkukkan punggungnya. Dokternya sangat terkesima

Dokter medis di WCDN memverifikasi kesaksian-kesaksian

melihat dia— seseorang yang seharusnya tidak dapat berjalan lagi— bisa berjalan bebas seperti biasa. Ia bahkan sekarang dapat berdansa mengikuti alunan nada Merengue.

Maximillia Rodriguez tinggal di Brooklyn dan memiliki penglihatan yang sangat buruk. Ia telah mengenakan lensa kontak selama 14 tahun dan kacamata selama 2 tahun terakhir. Pada hari terakhir kebaktian penginjilan, ia menerima doa dari Pdt. Dr. Jaerock Lee dengan iman dan segera menyadari bahwa ia bisa mulai melihat tanpa kacamatanya. Kini, ia bahkan dapat membaca huruf paling kecil di Alkitabnya tanpa bantuan kacamata. Dokter matanya, setelah melihat dan mengonfirmasi ada perbaikan yang tak terbantahkan pada penglihatannya, hanya dapat terkesima menyaksikan hal itu.

Madison Square Garden, tempat kebaktian penginjilan diadakan pada Juli 2006, sungguh menjadi tempat penuh mukjizat. Saya merasa sangat tersentuh melihat kuasa Allah. Kuasanya mengubah saya dan membuat saya melihat jalan hidup yang baru. Saya menetapkan tekad untuk menjadi alat Allah untuk membuktikan pekerjaan penyembuhan Allah secara medis dan membuatnya dikenal di seluruh dunia.

- Ekstrak dari Hal-Hal Luar Biasa -

Bab 3 — Allah Tritunggal

> Allah yang kita percayai adalah satu Allah.
> Tetapi ada tiga pribadi di dalam Dia:
> Allah Bapa, Allah Anak, dan Roh Kudus.

Penyediaan Allah bagi umat manusia
Sifat dan tatanan Allah Trinitas
Peranan Allah Trinitas
Yesus, Allah Anak membuka jalan keselamatan
Roh Kudus melengkapi keselamatan
Jangan padamkan Roh
Allah Bapa, Sutradara pembinaan manusia
Allah Tritunggal memenuhi rencana keselamatan
Menyangkal Allah Tritunggal dan pekerjaan Roh Kudus

"Karena itu pergilah, jadikanlah semua bangsa murid-Ku dan baptislah mereka dalam nama Bapa dan Anak dan Roh Kudus."

(Matius 28:19)

Allah Trinitas berarti Allah Bapa, Allah Anak, dan Allah Roh Kudus adalah satu. Allah yang kita percayai adalah satu Allah. Tetapi Ia memiliki Tiga Entitas dalam Diri-Nya: Bapa, Anak, dan Roh Kudus. Dan demikian, karena Mereka dalah satu, kita menyebutnya sebagai 'Allah Tritunggal' atau 'Allah Trinitas'.

Ini adalah doktrin Kekristenan yang sangat penting, tetapi hampir tidak ada seorang pun yang dapat menjelaskan tentang hal ini secara akurat dan terinci. Itu karena sangat sulit bagi manusia, yang memiliki pemikiran dan teori-teori terbatas, untuk memahami asal mula Allah sang Pencipta. Tetapi sampai sejauh mana kita memahami Allah Trinitas, kita dapat memahami hati-Nya dan akan menerima berkat serta jawaban doa kita dengan lebih jelas dalam komunikasi dengan Dia.

Penyediaan Allah bagi umat manusia

Allah berfirman dalam Keluaran 3:14, "AKU ADALAH AKU." Tidak ada yang melahirkan Allah atau menciptakan Dia. Ia ada dari permulaan waktu. Ia jauh melebihi segala pengertian dan imajinasi manusia; Ia tidak memiliki awal ataupun akhir; Ia ada dari sebelum kekekalan hingga sepanjang kekekalan. Seperti yang sudah diterangkan sebelumnya di atas, Allah ada sendirian sebagai Terang dengan suara berdenting di ruang yang sangat luas (Yohanes 1:1; 1 Yohanes 1:5). Tetapi di suatu titik Ia ingin memiliki orang yang dengannya Ia dapat berbagi kasih, dan Ia merencanakan pembinaan manusia untuk memperoleh anak-anak sejati.

Untuk melakukan pembinaan manusia, pertama-tama Allah harus membagi ruang itu. Ia membagi ruang menjadi ruang rohani dan ruang jasmani di mana manusia dengan tubuh jasmani dapat hidup. Kemudian, Ia hadir sebagai Allah Tritunggal. Allah mula-mula hadir sebagai tiga pribadi Allah Bapa, Anak, dan Roh Kudus.

Alkitab mengatakan bahwa Allah Anak, Yesus Kristus terlahir dari Allah (Kisah Para Rasul 13:33), dan Yohanes 15:26 serta Galatia 4:6 mengatakan bahwa Roh Kudus juga datang dari Allah. Seperti menciptakan alter ego, Allah Anak Yesus dan Roh Kudus berasal dari Allah Bapa. Ini sangat perlu bagi pembinaan umat manusia.

Yesus Anak Allah dan Roh Kudus bukanlah makhluk yang diciptakan oleh Allah, melainkan mereka adalah Allah mula-mula itu sendiri. Mereka berasal dari satu, tetapi mereka hadir masing-masing untuk pembinaan manusia. Peranan mereka berbeda tetapi mereka satu dalam hati, pikiran, dan kuasa, dan itulah sebabnya kita mengatakan bahwa Mereka adalah Allah Trinitas.

Sifat dan tatanan Allah Trinitas

Seperti Allah Bapa, Yesus Allah Anak dan Roh Kudus juga mahakuasa. Dan Yesus Allah Anak serta Roh Kudus merasakan dan menginginkan apa yang Allah Bapa rasakan dan inginkan. Sebaliknya, Allah Bapa merasakan sukacita dan kepedihan Yesus Allah Anak dan Roh Kudus. Dan, Tiga Pribadi ini adalah entitas independen yang memiliki karakter sendiri, dan peran Mereka juga berbeda.

Di satu sisi, Yesus sang Anak telah menerima hati yang sama seperti Allah Bapa, tetapi keilahian-Nya lebih kuat daripada kemanusiaan-Nya. Dengan demikian, kehormatan dan keadilan ilahi-Nya lebih menonjol. Di sisi lain, pada Roh Kudus, kemanusiaan-Nya lebih kuat. Karakter-Nya yang lembut, penuh pengampunan, dan belas kasihan lebih menonjol.

Seperti yang telah dijelaskan, Allah Anak dan Allah Roh Kudus adalah sama-sama berasal dari Allah Bapa tetapi merupakan entitas berbeda yang memiliki karakter yang cukup berbeda. Peranan Mereka juga berbeda menurut tatanannya.

Setelah Allah Bapa adalah Allah Anak Yesus Kristus, dan Roh Kudus adalah setelah Allah Anak. Ia melayani Anak dan Bapa dengan kasih.

Peranan Allah Trinitas

Ketiga Pribadi dalam Trinitas melakukan pelayanan pembinaan manusia bersama-sama. Masing-masing dari Ketiga Pribadi ini sepenuhnya memainkan peran-Nya sendiri, tetapi kadang-kadang Mereka melakukan pelayanan bersama pada titik-titik paling penting dalam pembinaan manusia.

Misalnya, Kejadian 1:26 berkata, "Baiklah Kita menjadikan manusia menurut gambar dan rupa Kita;" Kita dapat mengambil kesimpulan bahwa Allah Trinitas bersama-sama menciptakan manusia menurut gambar Mereka. Juga, ketika Allah turun untuk memeriksa Menara Babel, Ketiga Pribadi itu bersama-sama. Ketika manusia mulai membangun Menara Babel dengan keinginan untuk menjadi seperti Allah, maka Allah Trinitas mengacaukan bahasa mereka.

Dikatakan dalam Kejadian 11:7, "Baiklah Kita turun dan mengacaubalaukan di sana bahasa mereka, sehingga mereka tidak mengerti lagi bahasa masing-masing." Di sini, 'Kita' adalah kata ganti orang pertama jamak, dan kita dapat melihat Tiga Pribadi komponen Allah Trinitas bersama-sama. Seperti yang sudah dijelaskan, Ketiga Pribadi ini kadang-kadang bekerja sebagai satu kesatuan, tetapi sesungguhnya Mereka melakukan peranan yang berbeda sehingga rencana pembinaan manusia dapat dipenuhi, dimulai dari Penciptaan hingga penyelamatan umat manusia. Nah, apa peran dari masing-masing Pribadi dari Allah Trinitas?

Yesus, Allah Anak membuka jalan keselamatan

Peran Allah Anak, Yesus, adalah untuk menjadi Juru Selamat dan membuka jalan keselamatan bagi para pendosa. Karena ketidaktaatan Adam yang memakan buah yang dilarang oleh Allah, maka dosa masuk ke antara manusia. Kini, umat manusia membutuhkan keselamatan.

Dan mereka ditakdirkan untuk masuk ke dalam maut yang kekal, api neraka, sesuai dengan hukum alam rohani yang mengatakan bahwa upah dosa ialah maut. Namun, Yesus, Anak Allah, membayar upah maut bagi para pendosa supaya mereka tidak masuk ke dalam neraka.

Lalu, mengapa Yesus Allah Anak harus menjadi Juru Selamat semua manusia? Sama seperti setiap negara memiliki hukumnya sendiri, alam rohani juga memiliki hukum sendiri, dan tidak setiap orang bisa menjadi Juru Selamat. Seseorang hanya dapat membuka jalan keselamatan ketika ia memenuhi semua persyaratannya. Apakah persyaratan untuk menjadi Juru Selamat dan membuka jalan keselamatan bagi umat manusia yang ditakdirkan untuk mati karena dosa-dosanya?

Pertama-tama, Juru Selamat haruslah manusia. 1 Korintus 15:21 berkata, "Sebab sama seperti maut datang karena satu orang manusia, demikian juga kebangkitan orang mati datang karena satu orang manusia." Seperti yang tertulis, karena maut datang karena ketidaktaatan si manusia Adam, maka keselamatan juga harus datang melalui seorang manusia seperti Adam.

Kedua, sang penebus haruslah bukan dari keturunan Adam. Semua keturunan Adam adalah pendosa yang lahir dengan dosa mula-mula yang diwarisi dari bapa mereka. Demikianlah, tidak ada keturunan Adam yang dapat menjadi Juru Selamat. Tetapi Yesus dibuahi oleh Roh Kudus, dan Ia bukan merupakan keturunan Adam. Ia tidak memiliki dosa mula-mula yang diwarisi dari orangtua (Matius 1:18-21).

Ketiga, Juru Selamat harus memiliki kuasa. Untuk dapat menebus pendosa dari setan musuh kita, maka Juru Selamat harus memiliki kuasa, dan kuasa rohani haruslah tidak berdosa. Ia tidak boleh memiliki dosa mula-mula, dan Ia tidak boleh melakukan dosa apa pun dan taat sepenuhnya pada Firman Allah. Ia haruslah bebas dari cela atau noda.

Terakhir, Juru Selamat harus memiliki kasih. Bahkan walaupun ada yang memenuhi ketiga persyaratan di atas, ia tidak akan mau mati bagi dosa orang lain jika ia tidak memiliki kasih. Maka, umat manusia tak akan pernah diselamatkan. Dengan demikian, Juru Selamat harus memiliki kasih untuk mengambil hukuman maut menggantikan umat manusia yang merupakan pendosa.

Film 'The Passion of the Christ' menggambarkan penderitaan Yesus dengan sangat baik. Yesus dicambuk dan dagingnya luka tercabik. Ia dipaku tembus tangan dan kaki-Nya dan Ia mengenakan mahkota duri di kepala-Nya. Ia digantung di kayu salib dan ketika Ia akhirnya menghembuskan nafas terakhir-Nya, Yesus ditombak di bagian lambung dan Ia mencurahkan semua air dan darah-Nya. Ia menerima semua penderitaan ini untuk menebus kita dari semua kesalahan, dosa, penyakit, dan kelemahan kita.

Sejak dosa Adam, tidak ada manusia yang memenuhi keempat persyaratan ini. Yang pertama, keturunan Adam mewarisi dosa mula-mula, yaitu sifat alami dosa dari nenek moyang mereka ketika mereka dilahirkan. Dan tidak ada manusia yang hidup sepenuhnya menurut hukum Allah, dan tidak ada satu pun orang yang tidak berdosa. Orang yang berhutang besar tak akan mampu membayar hutang orang lain. Sama juga halnya, pendosa yang memiliki dosa mula-mula dan dosa yang dilakukan sendiri tidak akan dapat menyelamatkan pendosa, manusia lainnya.

Karena inilah, Allah menyiapkan rahasia yang tersembunyi sejak sebelum permulaan waktu, yaitu Yesus Anak Allah. Yesus telah memenuhi semua persyaratan Juru Selamat. Ia terlahir di bumi dalam daging manusia, tetapi tidak dibuahi oleh kombinasi sperma laki-laki dan telur perempuan. Perawan Maria mengandung oleh Roh Kudus. Maka, Yesus bukanlah keturunan Adam dan tidak memiliki dosa mula-mula. Dan di sepanjang hidup-Nya, Ia sepenuhnya taat pada Hukum Taurat dan tidak melakukan dosa pribadi sama sekali.

Yesus yang sempurna memenuhi syarat ini disalibkan dengan kasih pengorbanan bagi para pendosa. Dan dengan demikian, umat manusia memperoleh jalan untuk diampuni dari dosa-dosa mereka melalui darah-Nya. Jika Yesus tidak menjadi Juru Selamat, semua umat manusia sejak Adam akan masuk ke Neraka. Juga, jika semua orang jatuh ke Neraka, tujuan dari pembinaan manusia tidak akan tercapai. Ini berarti bahwa tidak seorang pun akan dapat masuk ke dalam kerajaan surga dan dengan demikian Allah tidak akan memperoleh anak-anak sejati.

Itulah sebabnya Allah menyiapkan Yesus Allah Anak yang akan memainkan peran Juru Selamat, untuk dapat memenuhi maksud pembinaan manusia. Siapa saja yang percaya kepada Yesus, yang mati di kayu salib bagi kita tanpa ada dosa, maka dosa-dosanya akan diampuni dan menerima hak untuk menjadi anak Allah.

Roh Kudus melengkapi keselamatan

Berikutnya, peran Roh Kudus adalah untuk melengkapi keselamatan yang diperole manusia melalui Yesus Allah Anak. Sama seperti ibu yang akan merawat dan membesarkan bayi baru lahir. Roh Kudus menanam iman di dalam hati orang-orang yang telah menerima Tuhan dan menuntun mereka hingga mereka mencapai kerajaan surga. Ia membagi sangat banyak roh ketika Ia melakukan pelayanan-Nya. Entitas mula-mula Roh Kudus ada di satu tempat, tetapi tak terhitung banyaknya roh yang dibagikan dari Dia melakukan pelayanan pada waktu bersamaan di seluruh dunia dengan hati dan kuasa yang sama.

Tentu saja, Bapa dan Anak dapat membagi tak terhitung banyaknya roh sama seperti Roh Kudus. Yesus berkata dalam Matius 18:20, "Sebab di mana dua atau tiga orang berkumpul dalam Nama-Ku, di situ Aku ada di tengah-tengah mereka." Kita dapat mengerti bahwa Yesus dapat membagi banyak roh dari Pribadi-Nya mula-mula. Tuhan Yesus tidak dapat bersama dengan orang percaya sebagai diri-Nya yang asli ketika mereka berkumpul dalam nama-Nya. Sehingga, roh-Nya yang terbagi-bagi pergi ke mana saja dan menyertai mereka.

Roh Kudus memimpin setiap orang percaya sedemikian baik dan penuh kasih seperti ibu yang merawat bayinya. Ketika manusia menerima Tuhan, maka roh-roh yang dibagi dari Roh Kudus masuk ke dalam hati mereka. Seberapa pun banyaknya orang yang menerima Tuhan, roh dari Roh Kudus yang terbagi-bagi akan masuk ke dalam hati mereka dan tinggal di dalamnya. Ketika ini terjadi, kita mengatakan bahwa mereka 'menerima Roh Kudus'. Roh Kudus yang tinggal dalam hati orang-orang percaya membantu mereka memiliki iman rohani untuk diselamatkan, dan Ia melatih mereka untuk tumbuh dalam kepenuhan seperti seorang guru pribadi.

Ia menuntun orang-orang percaya untuk belajar dengan tekun akan Firman Allah, mengubah hati mereka menurut Firman Allah, dan senantias tumbuh secara rohani. Menurut Firman Allah, orang-orang percaya harus mengubah sifat cepat-marah menjadi kelembutan, dan kebencian menjadi kasih. Jika Anda memiliki iri atau kecemburuan di masa lalu, kini Anda harus bersukacita atas keberhasilan orang lain dalam kebenaran. Jika kamu dulu sombong, sekarang kamu harus menjadi rendah hati dan melayani orang lain.

Jika dulu kamu mencari keuntungan sendiri, maka sekarang kamu harus mengorbankan dirimu hingga titik kematian. Kepada orang-orang yang jahat kepada kamu, kamu tidak boleh membalas mereka dengan kejahatan, melainkan gerakkan hati mereka dengan kebaikan.

Jangan padamkan Roh

Bahkan setelah kamu menerima Tuhan dan telah menjadi orang percaya selama beberapa tahun, jika kamu masih menjalani kehidupan yang tidak dipenuhi kebenaran sama seperti ketika kamu masih menjadi orang tidak percaya, maka Roh Kudus yang tinggal di dalam kamu akan meratap. Jika kita gampang kesal ketika kita menderita tanpa ada alasan, atau jika kita menghakimi serta menghujat saudara kita di dalam Kristus dan mengumbar pelanggaran-pelanggaran mereka, maka kita tidak akan dapat mengangkat kepala di hadapan Tuhan yang mati demi dosa-dosa kita.

Misalnya kamu telah memperoleh jabatan di gereja sebagai diaken, atau penatua, tetapi kamu tidak memiliki damai sejahtera dengan orang lain atau kamu menyusahkan orang lain, atau membuat mereka tersandung dengan bersikap sok kudus. Maka, Roh Kudus yang tinggal di dalam kamu akan menjadi sangat berduka. Karena kita menerima Tuhan dan terlahir kembali, kita harus mencoba untuk membuang segala bentuk kejahatan dan dosa dan meningkatkan iman kita dari hari ke hari.

Bahkan setelah menerima Tuhan, jika Anda masih hidup dalam dosa-dosa dunia dan melakukan dosa-dosa yang membawa maut, Roh Kudus di dalam Anda akhirnya akan meninggalkan kamu, dan namamu akan dihapus dari kitab kehidupan. Keluaran 32:33 berkata, "Tetapi TUHAN berfirman kepada Musa: "Siapa yang berdosa kepada-Ku, nama orang itulah yang akan Kuhapuskan dari dalam kitab-Ku.'"

Wahyu 3:5 berkata, "Barangsiapa menang, ia akan dikenakan pakaian putih yang demikian; Aku tidak akan menghapus namanya dari kitab kehidupan, melainkan Aku akan mengaku namanya di hadapan Bapa-Ku dan di hadapan para malaikat-Nya." Ayat-ayat ini memberi tahu kita, bahkan jika kita telah menerima Roh Kudus dan nama kita tertulis di kitab kehidupan, ini semua masih bisa dihapus.

Juga, 1 Tesalonika 5:19 berkata, "Janganlah padamkan Roh." Seperti yang dikatakan, walaupun kamu diselamatkan dan telah menerima Roh Kudus, jika kamu tidak hidup dalam kebenaran, maka Roh Kudus akan padam.

Roh Kudus tinggal di dalam hati setiap orang percaya dan membawanya buka untuk kehilangan keselamatan melainkan senantiasa menerangi dia dengan kebenaran dan mendorongnya untuk hidup menurut kehendak Allah. Sambil mengajari kita tentang dosa dan kebenaran, Ia memberi tahu kita bahwa Allah adalah Pencipta, Yesus Kristus adalah Juru Selamat kita, ada Surga dan Neraka, dan akan ada hari Penghakiman.

Roh Kudus membantu kita di hadapan Allah Bapa seperti yang tertulis dalam Roma 8:26, "Demikian juga Roh membantu kita dalam kelemahan kita; sebab kita tidak tahu, bagaimana sebenarnya harus berdoa; tetapi Roh sendiri berdoa untuk kita kepada Allah dengan keluhan-keluhan yang tidak terucapkan." Ia berduka ketika anak-anak Allah melakukan dosa, dan membantu mereka bertobat dan berbalik dari jalan-jalan mereka.

Dan Ia mencurahkan ilham dan kepenuhan Roh Kudus serta memberi mereka berbagai karunia sehingga mereka dapat membuang segala bentuk dosa dan mengalami pekerjaan Allah. Kita sebagai anak-anak Allah harus meminta pekerjaan-pekerjaan Roh Kudus ini dan merindukan hal-hal yang lebih mendalam.

Allah Bapa, Sutradara pembinaan manusia

Allah Bapa adalah pengarah rencana besar pembinaan manusia. Ia adalah Pencipta, Penguasa, dan Hakim pada Akhir Zaman. Allah Anak, Yesus Kristus, membuka jalan untuk menyelamatkan umat manusia yang merupakan para pendosa. Akhirnya, Allah Roh Kudus memandu orang-orang yang diselamatkan untuk memiliki iman sejati dan untuk meraih keselamatan. Dengan kata lain, Roh Kudus melengkapi keselamatan yang diberikan kepada setiap orang percaya. Setiap pelayanan dari Tiga Pribadi Allah bekerja sebagai satu kuasa dalam mencapai rencana pemeliharan untuk membina manusia sebagai anak-anak sejati.

Namun masing-masing pelayanan Mereka sangat berbeda menurut urutannya, tetapi Tiga Pribadi ini bekerja secara satu kesatuan pada saat yang sama. Ketika Yesus turun ke bumi, Ia akan sepenuhnya mengikuti kehendak Bapa tanpa memaksakan kehendak-Nya sendiri. Roh Kudus menyertai Yesus dan membantunya dengan pelayanannya, dari waktu Yesus dibuahi di dalam Perawan Maria. Ketika Yesus digantung di kayu salib dan menderita rasa sakit, Allah Bapa dan Roh Kudus merasakan perasaan dan sakit yang sama pada saat yang sama.

Sama halnya, ketika Roh Kudus meratap dan berduka bagi jiwa-jiwa, Tuhan dan Bapa juga merasakan kepedihan dan ratapan yang sama. Ketiga Pribadi Allah Trinitas melakukan segala sesuatu dengan hati yang sama dan masing-masing akan merasakan emosi yang sama setiap saat dalam pelayanan masing-masing Pribadi. Dengan kata lain, Ketiga Pribadi telah memenuhi segala sesuatu sebagai Tiga dalam Satu.

Allah Tritunggal memenuhi rencana keselamatan

Ketiga Pribadi Allah memenuhi rencana pembinaan manusia

sebagai Tiga Dalam Satu. Dikatakan dalam 1 Yohanes 5:8, "Roh dan air dan darah dan ketiganya adalah satu." Air di sini melambangkan pelayanan Allah Bapa yang adalah Firman. Darah melambangkan pelayanan Tuhan yang mencurahkan darah-Nya di kayu salib. Allah Trinitas melakukan pelayanan sebagai Roh, Air, dan Darah secara kesatuan, untuk memberi kesaksian bahwa anak-anak yang percaya akan diselamatkan.

Jadi kita harus mengerti dengan jelas masing-masing pelayanan Allah Trinitas dan tidak boleh condong hanya pada satu Pribadi Trinitas. Hanya ketika kita menerima dan percaya kepada Ketiga Pribadi Allah Trinitas, kita akan diselamatkan dengan iman kepada Allah, dan kita akan dapat mengatakan bahwa kita mengenal Allah. Ketika kita berdoa, kita berdoa dalam nama Yesus Kristus, tetapi Allah Bapalah yang menjawab kita, dan Roh Kudus yang membantu kita menerima jawaban.

Yesus juga berfirman di dalam Matius 28:19, "Karena itu pergilah, jadikanlah semua bangsa murid-Ku dan baptislah mereka dalam nama Bapa dan Anak dan Roh Kudus," dan Rasul Paulus memberikati orang-orang percaya dalam nama Tritunggal dalam 1 Korintus 13:14, "Kasih karunia Tuhan Yesus Kristus, dan kasih Allah, dan persekutuan Roh Kudus menyertai kamu sekalian." Itulah sebabnya, di kebaktian hari Minggu pagi, diberikan doa berkat agar anak-anak Allah akan menerima kasih karunia Juru Selamat dan Tuhan Yesus Kristus, kasih Allah Bapa, dan ilham serta kepenuhan dari Roh Kudus.

Menyangkal Allah Tritunggal dan pekerjaan Roh Kudus

Ada orang yang tidak menerima Trinitas. Di antara mereka adalah Saksi Yehovah. Mereka tidak mengakui keilahian Yesus Kristus. Mereka juga tidak mengakui kepribadian individual dari Roh Kudus, dan dengan demikian aliran ini dianggap sesat.

Alkitab mengatakan bahwa barangsiapa menyangkal Yesus

dan membawa kehancuran bagi diri mereka sendiri adalah sesat (2 Petrus 2:1). Mereka kelihatannya melakukan Kekristenan di bagian luar tetapi mereka tidak mengikuti kehendak Allah. Mereka tidak ada hubungannya dengan keselamatan dan kita sebagai orang percaya tidak boleh tertipu.

Berbeda dari semua aliran sesat itu, ada gereja yang menyangkal pekerjaan Roh Kudus walaupun mereka mengatakan bahwa mereka mengaku beriman kepada Allah Trinitas. Alkitab menggambarkan berbagai karunia Roh Kudus seperti berbicara dalam bahasa lidah, bernubuat, penyembuhan ilahi, wahyu, dan penglihatan. Dan ada beberapa gereja yang menghakimi pekerjaan Roh Kudus ini sebagai hal yang salah atau mencoba menghalangi pekerjaan Roh Kudus, walaupun mereka mengaku percaya kepada Allah.

Mereka sering menghujat gereja-gereja yang memanifestasikan karunia Roh Kudus sebagai sesat. Ini secara langsung menghina kehendak Allah, dan mereka melakukan dosa yang tidak dapat diampuni yaitu menghujat, merendahkan, atau menentang Roh Kudus. Ketika mereka melakukan dosa-dosa ini, roh pertobatan tidak akan datang kepada mereka, dan mereka bahkan tak dapat bertobat.

Dan jika mereka menghina atau bahkan menghujat hamba Allah atau gereja yang dipenuhi oleh pekerjaan Roh Kudus, itu sama seperti menghujat Allah Trinitas dan bertindak sebagai musuh yang menentang Allah. Anak-anak Allah yang diselamatkan dan telah menerima Roh Kudus tidak boleh menghindari pekerjaan Roh Kudus, tetapi sebaliknya, mereka haruslah merindukan pekerjaan Roh Kudus ini. Khususnya para pelayan bukan hanya mengalami pekerjaan Roh Kudus, tetapi juga mempraktikkan semua pekerjaan kuasa Roh Kudus ini sehingga umat mereka dapat menjalani hidup yang berkelimpahan oleh pekerjaan itu.

1 Korintus 4:20 berkata, "Sebab Kerajaan Allah bukan terdiri dari perkataan, tetapi dari kuasa." Jika para pendeta mengajari umat mereka hanya dengan pengetahuan formalitas, itu berarti mereka adalah orang buta yang menuntun orang buta. Para pendeta harus mengajari umat mereka kebenaran yang tepat dan membuat mereka mengalami bukti Allah yang hidup dengan melakukan pekerjaan Roh Kudus.

Masa kini disebut sebagai 'Era Roh Kudus'. Di bawah bimbingan Roh Kudus, kita menerima berkat yang melimpah dan kasih karunia Allah Trinitas yang membina umat manusia.

Yohanes 14:16-17 berkata, "Aku akan minta kepada Bapa, dan Ia akan memberikan kepadamu seorang Penolong yang lain, supaya Ia menyertai kamu selama-lamanya, yaitu Roh Kebenaran. Dunia tidak dapat menerima Dia, sebab dunia tidak melihat Dia dan tidak mengenal Dia. Tetapi kamu mengenal Dia, sebab Ia menyertai kamu dan akan diam di dalam kamu."

Setelah Tuhan memenuhi pelayanan penyelamatan manusia, dibangkitkan, dan naik ke Surga, Roh Kudus melanjutkan pekerjaan Tuhan dalam pelayanan pembinaan umat manusia. Roh Kudus menyertai setiap orang percaya yang menerima Tuhan dan menuntun orang-orang percaya pada kebenaran dengan tinggal di dalam hati setiap orang percaya.

Terlebih lagi, sekarang saat dosa menang dan kegelapan semakin menyelubungi bumi, Allah menunjukkan Diri-Nya kepada orang-orang yang mencari Dia dari dalam hati, dan memberi mereka pekerjaan Roh Kudus yang berapi-api. Saya berharap Anda akan menjadi anak-anak Allah dalam pekerjaan Allah Bapa, Anak, dan Roh Kudus, sehingga Anda akan menerima segala yang Anda minta dalam doa dan mencapai keselamatan yang penuh.

Contoh-Contoh Dari Alkitab 1

Hal-hal yang terjadi ketiga gerbang langit kedua terbuka ke langit pertama.

Langit pertama adalah ruang jasmani tempat kita sekarang tinggal.

Di langit kedua ada wilayah terang, Eden, dan wilayah kegelapan.

Di langit ketiga ada kerajaan surga tempat kita akan tinggal selamanya.

Langit keempat adalah ruang bagi Allah mula-mula, yang eksklusif bagi Allah Trinitas.

Semua 'langit' ini sangat ketat terpisah, tetapi masing-masing ruang berdampingan satu dengan yang lain.

Jika diperlukan, gerbang langit kedua akan terbuka di ruang langit pertama tempat kita tinggal sekarang.

Kadang-kadang, ruang langit ketiga atau keempat juga dapat terbuka.

Kita dapat menemukan banyak peristiwa di mana hal-hal langit kedua terjadi di langit pertama.

Ketika gerbang langit kedua terbuka dan hal-hal dari Taman Eden datang ke langit pertama, orang yang tinggal di langit pertama dapat menyentuh dan melihat hal-hal itu.

Penghakiman Api untuk Sodom dan Gomora

Kejadian 19:24 berkata, "Kemudian TUHAN menurunkan hujan belerang dan api atas Sodom dan Gomora, berasal dari TUHAN, dari langit;." Di sini 'berasal dari TUHAN, dari langit' artinya adalah bahwa Allah membuka gerbang ruang langit kedua dan menurunkan hujan belerang dan api dari sana. Sama seperti ketika di Gunung Karmel Elia menghadapi 850 imam baal dengan menurunkan jawaban api. Dalam 1 Raja-Raja 18:37-38 dikatakan, "'Jawablah aku, ya TUHAN, jawablah aku, supaya bangsa ini mengetahui, bahwa Engkaulah Allah, ya TUHAN, dan Engkaulah yang membuat hati mereka tobat kembali.' Lalu turunlah api TUHAN menyambar habis korban bakaran, kayu api, batu dan tanah itu, bahkan air yang dalam parit itu habis dijilatnya." Api dari langit kedua sesungguhnya dapat membakar benda-benda di langit pertama.

Bintang yang menuntun ketiga orang Majus

Matius 2:9 berkata, "Setelah mendengar kata-kata raja itu, berangkatlah mereka. Dan lihatlah, bintang yang mereka lihat di Timur itu mendahului mereka hingga tiba dan berhenti di atas tempat, di mana Anak itu berada." Bintang dari langit kedua muncul, dan berulang kali bergerak dan berhenti selama beberapa saat. Ketika orang Majus tiba di tempat tujuan, bintang itu berhenti di sana.

Jika bintang ini adalah bintang dari langit pertama, maka akan ada dampak sangat besar pada alam semesta, karena semua bintang di langit pertama bergerak dalam jalur mereka sendiri dengan tatanan yang sangat teratur. Kita mengerti bahwa bintang yang menuntun ketiga orang Majus itu bukanlah salah satu bintang di langit pertama. Allah menggerakkan bintang di langit kedua sehingga tidak akan memiliki dampak apa pun pada alam semesta di langit pertama. Allah membuka ruang di langit kedua sehingga orang Majus dapat melihat bintang ini.

Manna diberikan kepada orang Israel.

Keluaran 16:4 berkata, "Lalu berfirmanlah TUHAN kepada Musa, 'Sesungguhnya Aku akan menurunkan dari langit hujan roti bagimu; maka bangsa itu akan keluar dan memungut tiap-tiap hari sebanyak yang perlu untuk sehari, supaya mereka Kucoba, apakah mereka hidup menurut hukum-Ku atau tidak.'"
Saat Ia mengatakan bahwa Ia akan 'menurunkan dari langit hujan roti', Allah memberikan manna kepada orang Israel saat mereka berkelana di gurun selama 40 tahun. Manna itu putih seperti biji ketumbar, dan tampak seperti bdellium. Rasanya seperti kue yang dibakar dengan minyak. Seperti yang sudah dijelaskan di dalam Alkitab, ada banyak catatan tentang peristiwa yang terjadi ketika gerbang ruang langit kedua dibuka di langit pertama.

Keadilan

> Kita dapat menyelesaikan segala jenis persoalan dan menurunkan berkat serta jawaban doa ketika kita memahami keadilan Allah dengan tepat dan bertindak sesuatu dengan itu.

Keadilan Allah

Allah memelihara keadilan-Nya tanpa gagal

Bertindak dengan hukum keadilan Allah

Dua sisi keadilan

Dimensi keadilan yang lebih tinggi

Iman dan ketaatan - hukum-hukum dasar keadilan

"Ia akan memunculkan kebenaranmu seperti terang, dan hakmu seperti siang."

(Mazmur 37:6)

Ada masalah-masalah yang tak dapat diselesaikan oleh cara manusia. Tetapi masalah-masalah itu bisa hilang sekejap jika Allah menginginkannya di hati-Nya.

Misalnya, ada soal matematika yang bagi murid SD sangat sulit dikerjakan, tapi bagi mahasiswa soal itu tidak ada apa-apanya. Sama halnya, bagi Allah tiada yang mustahil, karena Ia adalah Pengatur semua lain.

Untuk dapat mengalami kuasa Allah yang Mahakuasa, kita harus mengetahui cara-cara untuk menerima jawaban dari Allah dan melakukannya. Kita dapat menyelesaikan segala masalah dan menurunkan jawaban serta berkat ketika kita memahami keadilan Allah dengan tepat dan bertindak sesuai dengan hal itu.

Keadilan Allah

Keadilan merujuk pada peraturan yang telah dibuat Allah, dan peraturan tersebut harus dilakukan dengan tepat. Secara sederhana, ini adalah hukum 'sebab-dan-akibat'. Ada hukum-hukum yang membuat sesuatu mengakibatkan hasil tertentu.

Bahkan orang tidak percaya mengatakan bahwa kita menabur apa yang kita tuai. Ada pepatah Korea yang mengatakan, "Kamu menuai buncis kalau kamu menabur buncis dan kamu menuai kacang merah kalau kamu menabur kacang merah." Karena adanya hukum-hukum seperti ini, maka hukum keadilan lebih ketat dalam kebenaran Allah.

Alkitab berkata, "Mintalah, maka akan diberikan kepadamu; carilah, maka kamu akan mendapat; ketoklah, maka pintu akan dibukakan bagimu." (Matius 7:7). "Jangan sesat, Allah tidak membiarkan diri-Nya dipermainkan, karena apa yang ditabur orang, itu juga yang akan dituainya" (Galatia 6:7). "Camkanlah ini: Orang yang menabur sedikit, akan menuai sedikit juga, dan orang yang menabur banyak, akan menuai banyak juga" (2 Korintus 9:6). Ini hanyalah beberapa contoh dari hukum keadilan.

Ada juga hukum tentang akibat dosa. Roma 6:23 berkata, "Sebab upah dosa ialah maut; tetapi karunia Allah ialah hidup yang kekal dalam Kristus Yesus, Tuhan kita." Amsal 16:18 berkata, "Kecongkakan mendahului kehancuran, dan tinggi hati mendahului kejatuhan." Yakobus 1:15 berkata, "Dan apabila keinginan itu telah dibuahi, ia melahirkan dosa; dan apabila dosa itu sudah matang, ia melahirkan maut."

Selain hukum-hukum ini, ada juga hukum yang tak dapat sungguh-sungguh dipahami orang tidak percaya. Misalnya, Matius 23:11 berkata, "Barangsiapa terbesar di antara kamu, hendaklah ia menjadi pelayanmu." Matius 10:39 berkata, "Barangsiapa mempertahankan nyawanya, ia akan kehilangan nyawanya, dan barangsiapa kehilangan nyawanya karena Aku, ia akan memperolehnya." Kisah Para Rasul 20:35 bagian terakhir berkata, "Adalah lebih berbahagia memberi daripada menerima." Jangankan memahaminya, orang tidak percaya bahkan menganggap bahwa aturan-aturan itu salah.

Tetapi Firman Allah tidak pernah salah dan tidak pernah berubah. Kebenaran yang dibicarakan dunia berubah seiring dengan waktu, tetapi firman Allah yang tertulis di Alkitab, yaitu hukum kebenaran, dipenuhi seperti yang dituliskan.

Karenanya, jika kita dapat memahami dengan benar tentang keadilan Allah, kita dapat menemukan penyebabnya ketika ada masalah dan menyelesaikannya. Demikian juga, kita dapat menerima jawaban atas keinginan hati kita. Alkitab menjelaskan alasan mengapa kita terkena penyakit, mengapa kita mengalami kesulitan keuangan, mengapa tidak ada damai sejahtera di keluarga kita, atau mengapa kita kehilangan kasih karunia Allah dan menjadi tersandung.

Jika saja kita memahami hukum keadilan yang tertulis di Alkitab, kita dapat menerima berkat dan jawaban atas doa-doa kita. Allah dengan setia memegang hukum yang telah Ia tetapkan Sendiri, dan dengan demikian, jika saja kita bertindak sesuai dengan hukum itu, kita akan menerima berkat dan jawaban atas persoalan kita.

Allah memelihara keadilan-Nya tanpa gagal

Allah adalah Pencipta dan Penguasa segala sesuatu, namun Ia tak pernah melanggar hukum keadilan. Ia tak pernah mengatakan, "Akulah yang membuat hukum, tapi Aku tidak perlu menaatinya." Ia bekerja dalam segala sesuatu tepat sesuai dengan keadilan, tanpa ada kesalahan sedikit pun.

Ini adalah untuk menebus kita dari dosa-dosa kita bahwa Anak Allah, Yesus, datang ke dunia ini dan mati di kayu salib.

Mungkin ada yang berkata, "Kenapa Allah tidak menghancurkan saja iblis dan menyelamatkan semua orang?" Tetapi Ia tak akan pernah melakukan hal itu. Ia menetapkan hukum keadilan saat Ia membuat rencana pembinaan manusia pada permulaan waktu, dan Ia akan memelihara hukum itu. Itulah sebabnya Allah melakukan pengorbanan dengan memberikan Anak Tunggal-Nya untuk membuka jalan keselamatan bagi kita.

Karenanya, kita tidak dapat diselamatkan dan masuk ke surga hanya dengan berkata, "Aku percaya!" dengan bibir kita dan datang ke gereja. Kita harus tinggal dalam batasan keselamatan yang telah ditetapkan oleh Allah. Agar kita dapat diselamatkan kita harus percaya kepada Yesus Kristus sebagai Juru Selamat pribadi kita dan menaati Firman Allah dengan hidup menurut hukum keadilan.

Selain dari perihal keselamatan ini, ada banyak bagian dari Alkitab yang menjelaskan kepada kita tentang keadilan Allah, yang memenuhi segala sesuatunya tepat sesuai dengan hukum alam rohani. Jika kita dapat memahami keadilan ini, akan sangat mudah bagi kita untuk menyelesaikan masalah dosa-dosa kita. Juga akan jadi lebih mudah untuk menerima berkat dan jawaban doa. Misalnya, apa yang harus kita lakukan jika kita ingin menerima kerinduan hati kita? Mazmur 37:4 berkata, "Dan bergembiralah karena TUHAN; maka Ia akan memberikan kepadamu apa yang diinginkan hatimu." Untuk dapat bergembira karena Tuhan, pertama-tama Anda harus menyukakan Tuhan. Dan kita dapat menemukan banyak cara untuk menyenangkan Allah di banyak bagian Alkitab.

Bagian pertama Ibrani 11:6 berkata, "Tetapi tanpa iman tidak mungkin orang berkenan kepada Allah." Kita dapat menyenangkan Allah hingga sejauh mana kita percaya pada Firman Allah, membuang dosa-dosa, dan menjadi dikuduskan. Juga, kita dapat menyenangkan Allah dengan usaha dan persembahan kita seperti Raja Salomo yang memberikan 1.000 korban persembahan. Kita juga dapat melakukan pekerjaan sukarela bagi kerajaan Allah. Ada banyak cara lainnya.

Karenanya, kita harus memahami bahwa membaca Alkitab dan mendengarkan khotbah adalah satu dari banyak cara untuk mempelajari hukum keadilan. Jika kita hanya mengikuti hukum-hukum tersebut dan menyenangkan hati Allah, maka kita akan menerima kerinduan hati kita serta memberi kemuliaan bagi Allah.

Bertindak dengan hukum keadilan Allah

Sejak saya menerima Tuhan dan menyadari keadilan Allah, hidup dalam iman jadi sangat menyenangkan. Saat saya bertindak menurut hukum keadilan, saya menerima kasih Allah dan berkat keuangan.

Allah juga berkata bahwa Ia akan melindungi kita dari sakit-penyakit dan bencana jika hidup dalam Firman Allah. Dan karena saya serta anggota keluarga saya hidup hanya oleh iman, semua anggota keluarga saya sehat dan kami tidak pernah ke rumah sakit atau meminum obat sejak saya menerima Tuhan.

Karena saya percaya akan keadilan Allah yang membuat kita menuai apa yang kita tabur, saya senang memberi kepada Allah walaupun saya hidup miskin. Ada orang yang berkata, "Saya sangat miskin dan saya tidak memiliki apa-apa untuk diberikan kepada Allah." Tetapi saya semakin rajin memberi karena saya miskin.

2 Korintus 9:7 berkata, "Hendaklah masing-masing memberikan menurut kerelaan hatinya, jangan dengan sedih hati atau karena paksaan, sebab Allah mengasihi orang yang memberi dengan sukacita." Seperti yang saya katakan, saya tidak pernah datang ke hadapan Allah dengan tangan kosong.

Saya selalu menikmati memberi kepada Allah dengan pengucapan syukur walaupun saya hanya memiliki sedikit, dan saya akan segera menerima berkat keuangan. Saya dapat memberi dengan sukacita karena saya tahu Allah akan memberi kepada saya dengan takaran yang baik, yang dipadatkan, yang digoncang dan yang tumpah ke luar akan dicurahkan ke dalam ribaan saya, dan bahkan 30, 60, atau 100 kali ganda ketika saya memberi bagi kerajaan Allah dengan iman.

Sebagai hasilnya, Saya membayar kembali hutang saya yang sangat besar akibat sakit selama tujuh tahun, dan hingga kini, saya sangat diberkati karena saya tidak kekurangan apa pun.

Juga, karena saya tahu hukum keadilan bahwa Allah memberikan kuasa-Nya kepada orang-orang yang bebas dari kejahatan dan dikuduskan, saya terus membuang kejahatan dari diri saya melalui doa dan puasa yang tekun, dan akhirnya saya menerima kuasa Allah.

Kini kuasa ajaib Allah dimanifestasikan karena saya

memperoleh dimensi kasih dan keadilan yang disyaratkan Allah kepada saya sambil melalui kesusahan dan cobaan dengan kesabaran. Allah tidak hanya memberi saya kuasanya dengan tanpa syarat. Ia telah memberikannya kepada saya menurut aturan keadilan. Itulah sebabnya setan dan Iblis tak dapat menyangkal ini.

Selain ini, saya percaya dan melakukan semua firman di Alkitab, dan saya juga mengalami semua pekerjaan mukjizat dan berkat yang tertulis di Alkitab.

Dan semua pekerjaan itu tidak terjadi hanya untuk saya. Jika ada orang yang memahami aturan keadilan Allah yang tertulis di dalam Alkitab dan bertindak sesuai dengan itu, maka ia dapat menerima jenis berkat yang sama seperti yang telah saya terima.

Dua sisi keadilan

Biasanya orang menganggap keadilan sebagai sesuatu yang menakutkan dan diikuti oleh hukuman. Tentu saja, menurut keadilan hukuman yang menakutkan akan mengikuti dosa dan kejahatan, tetapi sebaliknya ini juga bisa menjadi kunci untuk membawa berkat bagi kita.

Keadilan itu seperti dua sisi koin. Bagi orang-orang yang tinggal dalam kegelapan, ini menakutkan, tetapi bagi orang-orang yang tinggal dalam Terang, ini adalah hal yang baik. Jika ada perampok yang memegang pisau dapur, itu bisa menjadi senjata pembunuh, tetapi ketika dipegang oleh seorang ibu, pisau bisa menjadi alat untuk menyiapkan makanan yang membantunya memasak makanan yang lezat bagi keluarganya.

Karenanya, keadilan Allah akan berlaku tergantung kepada masing-masing orang, bisa menjadi sangat menakutkan atau bisa menjadi penuh sukacita. Jika kita memahami kedua sisi keadilan ini, kita juga dapat mengerti bahwa keadilan dipenuhi oleh kasih, dan bahwa kasih Allah juga dilengkapi dengan keadilan. Kasih tanpa keadilan bukanlah kasih sejati, dan keadilan tanpa kasih juga tidak dapat menjadi keadilan sejati.

Misalnya, bagaimana jika Anda menghukum anak-anak Anda setiap kali mereka melakukan kesalahan? Atau, bagaimana jika Anda membiarkan saja anak Anda tidak pernah dihukum? Dalam kedua kasus, Anda akhirnya akan membuat anak-anak Anda menjadi rusak.

Menurut keadilan, kadang-kadang Anda perlu menghukum anak-anak Anda dengan keras untuk kesalahan mereka, tetapi Anda tidak bisa selalu menunjukkan 'keadilan' kepada mereka. Kadang-kadang Anda perlu memberi mereka kesempatan kedua, dan jika mereka sungguh berbalik dari jalan-jalan mereka, Anda harus menunjukkan pengampunan dan belas kasihan dengan kasih Anda. Tetapi sekali lagi, Anda tidak bisa selalu hanya menunjukkan belas kasihan dan kasih. Anda perlu menuntun anak-anak Anda ke jalan yang benar melalui hukuman jika perlu.

Allah memberi tahu kita tentang pengampunan tanpa batas di dalam Matius 18:22, yang berkata, "Bukan! Aku berkata kepadamu: Bukan sampai tujuh kali, melainkan sampai tujuh puluh kali tujuh kali."

Namun pada saat yang sama, Allah mengatakan bahwa kasih sejati terkadang diikuti oleh hukuman. Ibrani 12:6 berkata, "karena Tuhan menghajar orang yang dikasihi-Nya, dan Ia menyesah orang yang diakui-Nya sebagai anak." Jika kita mengerti hubungan ini antara kasih dan keadian, maka kita juga akan mengerti bahwa keadilan disempurnakan dalam kasih, dan saat kita terus merenungkan tentang keadilan, kita akan mengerti bahwa ada kasih mendalam yang dikandung oleh keadilan.

Dimensi keadilan yang lebih tinggi

Keadilan juga memiliki dimensi berbeda di langit yang berbeda. Yaitu, jika kita naik ke tingkat langit lebih tinggi, dari langit pertama ke langit kedua, ketiga, dan keempat, maka dimensi keadilannya juga akan menjadi semakin luas dan mendalam. Langit yang berbeda memelihara tatanannya menurut keadilan di masing-masing langit.

Alasan mengapa ada perbedaan dalam dimensi keadilan di setiap langit adalah karena dimensi kasih di setiap langit juga berbeda. Kasih dan keadilan tidak dapat dipisahkan. Semakin dalam dimensi kasihnya, maka semakin dalam juga dimensi keadilannya.

Jika kita membaca Alkitab, kelihatannya seolah keadilan di Perjanjian Lama dan Perjanjian Baru berbeda dari satu sama lain. Misalnya, dalam Perjanjian Lama dikatakan, "Mata ganti mata," yang prinsipnya adalah pembalasan, tetapi di Perjanjian Baru dikatakan, "Kasihilah musuh-musuhmu." Prinsip pembalasan diubah menjadi prinsip pengampunan dan kasih. Lalu, apakah ini berarti bahwa kehendak Allah berubah?

Bukan, bukan begitu. Allah adalah roh dan selamanya tidak akan berubah, sehingga hati dan kehendak Allah yang terkandung dalam Perjanjian Lama dan Baru adalah sama. Hanya saja tergantung pada sejauh mana manusia dapat mencapai kasih, maka keadilan yang sama akan diterapkan dalam kadar yang berbeda. Hingga Yesus datang ke dunia ini dan memenuhi Hukum Taurat dengan kasih, maka tingkatan kasih yang dapat dipahami manusia sangatlah rendah.

Jika mereka diperintahkan untuk mengasihi musuhnya, yang merupakan tingkat keadilan yang sangat tinggi, maka mereka tak akan dapat mengatasinya. Karena inilah, dalam Perjanjian Lama, diterapkan aturan keadilan yang tingkatnya lebih rendah, yaitu 'mata ganti mata' untuk menetapkan tatanan.

Namun, setelah Yesus memenuhi Hukum dengan kasih dengan cara datang ke dunia ini dan memberikan nyawa-Nya bagi kita para pendosa, maka tingkat keadilan yang Allah syaratkan kepada kita manusia menjadi naik.

Dari contoh Yesus, kita telah melihat tingkatan kasih naik dari tingkatan rendah ke tingkatan mengasihi bahkan musuh kita. Dengan demikian prinsip pembalasan yang mengatakan 'mata ganti mata' tidak lagi berlaku. Kini, Allah meminta kepada kita dimensi keadilan di mana berlaku aturan pengampunan dan belas kasihan. Tentu saja, apa yang sesungguhnya diinginkan Allah, bahkan di masa Perjanjian Lama, adalah pengampunan dan belas kasihan, tetapi manusia pada masa itu tidak dapat untuk memahami.

Seperti yang sudah dijelaskan, sama seperti ada perbedaan-perbedaan dalam dimensi kasih dan keadilan dalam Perjanjian Lama dan Perjanjian Baru, dimensi keadilan akan berbeda tergantung pada dimensi kasih di setiap langit.

Misalnya, saat melihat perempuan yang tertangkap melakukan perzinahan, orang-orang bertindak menurut keadilan tingkat bawah dari langit pertama dengan mengatakan bahwa mereka harus melemparinya dengan batu. Tetapi Yesus, yang memiliki tingkat keadilan tertinggi yaitu keadilan dari langit keempat berkata kepadanya, "Aku pun tidak menghukum engkau. Pergilah. Jangan berbuat dosa lagi mulai dari sekarang" (Yohanes 8:11).

Karenanya, keadilan ada di dalam hati kita, dan setiap orang merasakan dimensi keadilan yang berbeda menurut sejauh mana mereka memenuhi hati mereka dengan kasih dan menumbuhkan hati mereka dengan roh. Kadang-kadang, orang yang memiliki keadilan dimensi yang lebih rendah tidak dapat memahami keadilan dari orang yang memiliki keadilan dimensi lebih tinggi.

Itu karena manusia daging tidak akan dapat sepenuhnya memahami apa yang sedang Allah lakukan. Hanya orang yang telah menumbuhkan hati mereka dengan kasih dan pemikiran rohani yang dapat mengerti dengan tepat keadilan Allah dan menerapkannya.

Tetapi menerapkan keadilan dimensi yang lebih tinggi bukan berarti akan membatalkan atau melanggar keadilan yang ada di dimensi lebih rendah. Yesus memiliki keadilan langit keempat, tetapi Ia tidak pernah mengabaikan keadilan di bumi ini. Dengan kata lain, Ia menunjukkan keadilan langit ketiga atau lebih tinggi di bumi ini dalam batasan hukum keadilan di bumi.

Demikian juga, kita tak dapat melanggar keadilan yang diterapkan pada langit pertama saat kita tinggal di langit pertama ini. Tentu saja, saat dimensi kasih kita semakin mendalam, luas dan dalamnya keadilan juga meningkat, tetapi kerangka dasarnya adalah sama. Dan dengan demikian kita harus memahami dengan benar tentang hukum keadilan.

Iman dan ketaatan - hukum-hukum dasar keadilan

Jadi, apakah kerangka mendasar dan hukum keadilan yang harus kita pahami dan ikuti untuk menerima jawaban doa-doa kita? Ada banyak hal termasuk, misalnya, kebaikan dan kerendahan hati. Tetapi, dua prinsip yang paling mendasar adalah iman dan ketaatan. Ini adalah hukum keadilan bahwa kita menerima jawaban ketika kita percaya pada Firman Allah dan menaatinya.

Perwira dalam Matius pasal 8 memiliki hamba yang sedang sakit. Ia adalah perwira Kekaisaran Romawi, tetapi ia sangat rendah hati untuk datang ke hadapan Yesus. Ia juga memiliki hati yang baik untuk datang sendiri kepada Yesus untuk hambanya yang sakit ini.

Di atas segalanya, alasan mengapa ia dapat menerima jawaban adalah karena ia memiliki iman. Sampai ia memutuskan untuk datang kepada Yesus, ia pasti telah mendengar sangat banyak tentang Yesus dari orang-orang di sekitarnya. Ia pasti telah mendengar berita tentang orang buta yang jadi melihat, orang bisu yang bisa berbicara, dan banyak orang sakit yang disembuhkan oleh Yesus.

Setelah mendengar berita-berita seperti itu, si perwira menjadi percaya kepada Yesus dan memiliki iman sehingga ia juga dapat menerima kerinduannya bagi hambanya itu jika ia datang kepada Yesus.

Ketika ia akhirnya benar-benar bertemu Yesus, ia membuat pengakuan iman dengan berkata, "Tuan, aku tidak layak menerima Tuan di dalam rumahku, katakan saja sepatah kata, maka hambaku itu akan sembuh" (Matius 8:8). Ia dapat mengatakan hal itu karena ia sepenuhnya percaya kepada Yesus hanya dengan mendengar berita tentang Dia.

Agar kita dapat memiliki iman yang demikian, pertama-tama kita harus bertobat dari tidak menaati Firman Allah. Jika kita mengecewakan Allah dalam hal apa pun, jika kita tidak memegang janji yang kita ucapkan di hadapan Allah, jika kita tidak menjaga kekudusan Hari Tuhan, atau jika kita tidak memberi perpuluhan yang baik, maka kita harus bertobat dari semua hal ini.

Dan juga, kita harus bertobat dari mengasihi dunia, tidak berdamai dengan orang lain, menginginkan dan melakukan segala jenis kejahatan seperti cepat marah, tersinggung, frustrasi, sebal, iri, cemburu, bertengkar, dan kepalsuan. Ketika kita meruntuhkan semua tembok dosa ini dan menerima doa dari hamba Allah yang penuh kuasa, kita dapat diberikan iman untuk menerima jawaban, dan kita dapat sungguh-sungguh menerima jawaban seperti yang kita percayai, sesuai dengan hukum keadilan.

Selain itu, ada banyak hal yang harus kita taati dan ikuti untuk menerima jawaban kita, seperti menghadiri berbagai kebaktian penyembahan, tidak berhenti berdoa, dan memberi kepada Allah. Dan agar kita dapat taat sepenuhnya, kita harus menyangkal diri kita sepenuhnya.

Yaitu, kita harus membuang kebanggaan kita, kesombongan, dan kebenaran sendiri serta keangkuhan, semua pemikiran dan teori kita, keangkuhan hidup, dan keinginan untuk mengandalkan dunia. Ketika kita sepenuhnya merendahkan diri dan menyangkal diri kita dengan cara ini, kita dapat menerima jawaban menurut hukum keadilan yang tertulis dalam Lukas 17:33, yang mengatakan, "Barangsiapa berusaha memelihara nyawanya, ia akan kehilangan nyawanya, dan barangsiapa kehilangan nyawanya, ia akan menyelamatkannya."

Untuk dapat memahami keadilan Allah dan menaatinya, berarti kita harus mengakui Allah. Karena kita mengakui Allah, maka kita dapat mengikuti aturan-aturan yang Ia tetapkan. Dan mengakui Allah seperti ini adalah ian, dan iman yang sejati selalu diikuti oleh perbuatan ketaatan.

Jika Anda menyadari dosa apa pun saat merenungkan Firman Allah, Anda harus bertobat dan berpaling dari jalan-jalan tersebut. Saya berharap Anda akan memercayai Allah sepenuhnya dan mengandalkan Dia. Dengan melakukannya, saya berharap Anda akan menyadari hukum keadilan Allah satu per satu dan melakukannya sehingga Anda akan menerima jawaban dan berkat dari Allah yang membuat kita dapat menuai apa yang kita tabur dan membalas kita sesuai dengan perbuatan kita.

Putri Jane Mpologoma (London, Kerajaan Inggris)

Dari separuh bumi

Saya tinggal di Birmingham. Itu adalah tempat yang sangat indah. Saya adalah putri dari presiden pertama kerajaan Buganda, dan saya menikah dengan seorang laki-laki yang baik dan lemah lembut dari Inggris dan memiliki tiga anak perempuan.

Banyak orang yang menginginkan kehidupan berpengaruh seperti ini, tetapi saya tidak terlalu bahagia. Saya selalu merasakan kehausan dalam jiwa saya yang tak dapat diisi oleh apa pun. Saya cukup lama mengalami gangguan pencernaan kronis yang membuat saya merasa sangat nyeri. Saya tidak bisa tidur atau makan dengan baik.

Saya juga merasa tersiksa oleh berbagai macam penyakit termasuk tingkat kolesterol yang tinggi, gangguan jantung, dan tekanan darah rendah. Para dokter mengingatkan saya bahwa saya bisa kena serangan jantung atau stroke.

Tetapi pada bulan Agustus 2005, hidup saya mengalami titik balik. Secara kebetulan saya bertemu dengan salah seorang asisten pendeta

Dengan suaminya David

dari Gereja Pusat Manmin yang sedang berkunjung ke London. Saya menerima buku-buku dan khotbah audio darinya, dan semua itu sangat menyentuh saya.

Semua itu berdasarkan pada Alkitab, tetapi saya tidak dapat mendengar pesan yang demikian dalam dan penuh inspirasi di mana pun. Jiwa saya yang dahaga dipuaskan, dan mata rohani saya terbuka untuk memahami Firman.

Akhirnya saya datang ke Korea Selatan. Pada saat saya berjalan masuk ke Gereja Pusat Manmin seluruh tubuh saya diselubungi damai sejahera. Saya didoakan oleh Pdt. Jaerock Lee. Barulah setelah saya kembali ke Inggris, saya menyadari akan kasih Allah. Hasil endoskopi yang dilakukan pada 21 Oktober ternyata normal. Level kolesterolnya normal, dan tekanan darahnya juga normal. Itulah kuasa doa!

Pengalaman ini membuat saya memiliki iman yang lebih besar. Saya memiliki masalah jantung, dan saya menulis kepada Pdt. Jaerock Lee agar mendoakan saya. Ia berdoa bagi saya selama kebaktian penyembahan Jumat-semalaman di Gereja Pusat Manmin pada 11 November. Saya menerima doanya lewat internet dari separuh bumi jauhnya.

Ia berdoa, "Aku perintahkan engkau penyakit jantung, dalam nama Yesus Kristus, pergilah. Ya Allah Bapa, buatlah ia menjadi sehat!"

Saya merasakan pekerjaan kuat dari Roh Kudus pada saat saya

menerima doa itu. Saya pasti akan jatuh kerena kuasa yang kuat itu jika saja suami saya tidak memegangi saya. Saya siuman setelah kira-kira 30 detik.

Saya menjalani angiografi pada 16 November. Dokter saya menyarankannya karena saya mengalami masalah di salah satu arteri jantung saya. Ini dilakukan dengan kamera kecil yang dipasang di selang kecil. Dan hasilnya sungguh luar biasa.

Dokter berkata, "Saya belum pernah melihat jantung yang sebegitu sehatnya di ruangan ini selama bertahun-tahun."

Sensasi melintasi seluruh tubuh saya, karena saya merasakan tangan Allah ketika saya mendengar perkataan dokter saya. Sejak itu saya memutuskan untuk menjalani kehidupan yang berbeda. Saya ingin menjangkau para remaja, orang-orang yang diabaikan, dan siapa saja yang membutuhkan injil.

Dan Allah mewujudkan mimpian saya. Saya dan suami saya sudah mendirikan Gereja Manmin London sebagai misionaris dan kami mengabarkan tentang Allah yang hidup.

Ekstrak dari Hal-Hal Luar Biasa

Ketaatan

"
Menaati Firman Allah dengan 'Ya' dan 'Amin' adalah jalan pintas untuk mengalami pekerjaan Allah.
"

Ketaatan penuh Yesus

Yesus taat pada keadilan langit pertama.

Manusia yang mengalami pekerjaan Allah melalui ketaatan.

Tindakan ketaatan adalah bukti dari iman.

Gereja Pusat Manmin memimpin penginjilan dunia dalam ketaatan.

"*Dan dalam keadaan sebagai manusia, Ia telah merendahkan diri-Nya dan taat sampai mati, bahkan sampai mati di kayu salib."*

(Filipi 2:8)

Alkitab menunjukkan banyak kasus ketika hal-hal yang sungguh mustahil dibuat menjadi mungkin oleh Allah yang Mahakuasa. Ada hal-hal ajaib yang terjadi seperti matahari dan bulan berhenti bergerak dan laut dibelah saat orang-orang menyeberang di tanah kering. hal-hal demikian tidak dapat terjadi menurut keadilan langit pertama, tetapi ini mungkin menurut keadilan langit ketiga dan langit di atasnya.

Agar kita dapat mengalami pekerjaan Allah yang demikian, kita harus memenuhi syaratnya. Ada beberapa syarat yang harus dipenuhi dan di antaranya, ketaatan adalah syarat yang sangat penting. Menaati Firman Allah yang Mahakuasa dengan 'Ya' dan 'Amin', ini adalah jalan pintas untuk mengalami pekerjaan Allah.

1 Samuel 15:22 berkata, "Tetapi jawab Samuel, 'Apakah TUHAN itu berkenan kepada korban bakaran dan korban sembelihan sama seperti kepada mendengarkan suara TUHAN? Sesungguhnya, mendengarkan lebih baik dari pada korban sembelihan, memperhatikan lebih baik dari pada lemak domba-domba jantan.'"

Ketaatan penuh Yesus

Yesus taat pada kehendak Allah hingga Ia disalibkan untuk menyelamatkan umat manusia yang merupakan pendosa. Kita dapat diselamatkan oleh iman melalui ketaatan Yesus. Untuk dapat memahami bagaimana kita dapat diselamatkan oleh iman kita kepada Yesus, pertama-tama kita harus memikirkan bagaimana umat manusia masuk ke jalan maut pada mulanya.

Sebelum ia menjadi pendosa, Adam dapat menikmati hidup kekal di Taman Eden. Tetapi sejak ia berdosa dengan makan buah dari pohon yang dilarang Allah, menurut hukum alam rohani yang mengatakan, 'upah dosa ialah maut' (Roma 6:23), ia harus mati dan masuk ke Neraka.

Tetapi karena Allah tahu Adam akan melanggar, bahkan sebelum permulaan waktu, Allah menyiapkan Yesus Kristus. Ini adalah untuk membuka jalan keselamatan dalam keadilan Allah. Yesus, yang merupakan Firman yang menjadi manusia, dilahirkan di dunia ini dalam tubuh manusia. Karena Allah telah membuat nubuatan tentang Juru Selamat, sang Mesias, setan dan Iblis juga tahu tentang Juru Selamat ini. Setan selalu mencari kesempatan untuk membunuh Juru Selamat. Ketika tiga orang Majus mengatakan bahwa Yesus telah lahir, setan menghasut Raja Herodes untuk membunuh semua bayi laki-laki yang berusia di bawah dua tahun.

Setan juga menggerakkan orang-orang jahat untuk menyalibkan Yesus. Setan menganggap bahwa jika saja ia dapat membunuh Yesus, yang datang untuk menjadi Juru Selamat, maka ia akan dapat membawa semua pendosa ke Neraka dan mengontrol mereka selamanya.

Karena Yesus tidak memiliki dosa mula-mula maupun dosa yang dilakukan sendiri, Ia tidak terkena hukuman maut menurut hukum keadilan yang mengatakan bahwa upah dosa ialah maut. Namun demikian, Iblis, memimpin pembunuhan Yesus dan dengan demikian melanggar hukum keadilan.

Sebagai akibatnya, Yesus yang tak berdosa mengalahkan maut dan dibangkitkan. Dan kini, siapa pun yang percaya kepada Yesus Kristus dapat diselamatkan dan memperoleh hidup kekal. Pertama-tama, menurut hukum keadilan yang mengatakan bahwa upah dosa ialah maut, Adam dan keturunannya ditakdirkan untuk masuk ke jalan maut, tetapi kemudian, jalan keselamatan telah dibuka melalui Yesus Kristus. Inilah 'misteri yang tersembunyi sejak sebelum permulaan waktu' dalam 1 korintus 2:7.

Yesus tak pernah berpikir seperti, "Mengapa Aku harus dibunuh demi para pendosa walaupun Aku tidak memiliki dosa?" Ia dengan rela memikul salib untuk disalibkan menurut rencana pemeliharaan Allah. Ini adalah ketaatan yang penuh dan sempurna dari Yesus yang membuka jalan bagi keselamatan kita.

Yesus taat pada keadilan langit pertama

Semasa hidupnya di bumi ini, Yesus taat pada kehendak Allah sepenuhnya dan hidup menurut hukum keadilan langit pertama. Walaupun Ia adalah Allah, namun Ia mengenakan tubuh manusia, dan Ia mengalami kelaparan, kelelahan, rasa sakit, kepedihan, dan kesepian sama seperti manusia.

Sebelum ia memulai pelayanan publiknya, Ia berpuasa selama 40 hari. Walaupun Ia adalah penguasa segalanya, Ia menangis dengan dengan khusyuk saat berdoa dan senantiasa berdoa. Ia diuji oleh iblis tiga kali di penghujung puasa 40-harinya, dan Ia mengusir iblis dengan Firman Allah, tanpa tergoda atau goyah sama sekali.

Yesus juga meimiliki kuasa Allah, sehingga Ia dapat memanifestasikan segala jenis mukjizat dan hal-hal ajaib. Namun, Ia menampilkan mukjizat-mukjizat itu hanya ketika dibutuhkan menurut rencana Allah. Ia menunjukkan kuasa Anak Allah lewat peristiwa-peristiwa itu seperti mengubah air menjadi anggur dan memberi makan 5.000 orang dengan lima roti dan dua ikan.

Bila Ia inginkan, Yesus dapat saja menghancurkan semua orang yang menghina dan menyalibkan Dia. Tetapi, dengan diam Ia menerima siksaan dan hujatan itu dan dengan ketaatan, Ia disalibkan. Ia merasakan semua penderitaan dan rasa sakit manusia dan Ia mencurahkan semua air dan darah-Nya.

Ibrani 5:8-9 berkata, "Dan sekalipun Ia adalah Anak, Ia telah belajar menjadi taat dari apa yang telah diderita-Nya. Dan sesudah Ia mencapai kesempurnaan-Nya, Ia menjadi pokok keselamatan yang abadi bagi semua orang yang taat kepada-Nya."

Karena Yesus memenuhi hukum keadilan melalui ketaatan-Nya yang penuh, siapa pun yang menerima Tuhan Yesus dan tinggal dalam kebenaran dapat menjadi hamba kebenaran dan mencapai keselamatan tanpa harus masuk ke jalan maut sebagai hamba dosa (Roma 6:16).

Manusia yang mengalami pekerjaan Allah melalui ketaatan

Walaupun Ia adalah Anak Allah, Yesus memenuhi rencana Allah karena Ia taat sepenuhnya. Lalu seberapa banyak kita sebagai makhluk ciptaan semata harus taat sepenuhnya untuk mengalami pekerjaan Allah? Dibutuhkan ketaatan sepenuhnya.

Dalam Yohanes pasal 2, Yesus melakukan mukjizat dengan mengubah air menjadi anggur. Ketika mereka kehabisan anggur di perjamuan, Perawan Maria secara khusus memerintahkan pada pelayan untuk melakukan apa saja yang disuruh oleh Yesus. Yesus menyuruh pada pelayan untuk memenuhi bejana air dan kemudian mencedoknya lalu membawanya kepada juru pesta. ketika juru pesta mencicipi air tersebut, air itu sudah berubah menjadi anggur yang sangat baik.

Jika para pelayan itu tidak menaati Yesus yang menyuruh mereka untuk membawa air itu kepada juru pesta, mereka tidak akan mengalami mukjizat anggur. Dengan mengetahui sungguh-sungguh tentang ketaatan dan keadilan, Perawan Maria meminta para pelayan itu untuk pasti menaati Dia.

Kita juga dapat memikirkan ketaatan Petrus. Petrus belum menangkap ikan semalaman. Tetapi, ketika Yesus memerintahkan, "Bertolaklah ke tempat yang dalam dan tebarkanlah jalamu untuk menangkap ikan", Petrus taat dengan berkata, "Guru, telah sepanjang malam kami bekerja keras dan kami tidak menangkap apa-apa, tetapi karena Engkau menyuruhnya, aku akan menebarkan jala juga." Dan setelah mereka melakukannya, mereka menangkap sejumlah besar ikan, sehingga jala mereka mulai koyak (Lukas 5:4-6).

Karena Yesus, yang merupakan satu dengan Allah sang Pencipta, berbicara dengan suara mula-mula, banyak ikan yang menaati perintah-Nya dan segera masuk ke dalam jaring. Tetapi, jika Petrus tidak menaati perintah Yesus, apa yang akan terjadi? Jika ia berkata, "Tuan, aku lebih tahu dari Engkau bagaimana menangkap ikan. Kami sudah mencoba menangkap ikan semalaman dan sekarang kami sangat lelah. Kami sudah selesai untuk hari ini. Pasti sangat melelahkan untuk menebarkan jala ke bagian yang dalam," maka pasti tidak akan ada mukjizat yang terjadi.

Seorang janda di Sarfat dalam 1 Raja-Raja pasal 17 juga mengalami pekerjan Allah melalui ketaatannya. Setelah kekeringan yang panjang, makanannya mulai habis dan hanya ada segenggam tepung dan sedikit minyak. Pada suatu harri Elisa datang kepadanya dan meminta makanan dengan berkata, "Sebab beginilah firman TUHAN, Allah Israel: Tepung dalam tempayan itu tidak akan habis dan minyak dalam buli-buli itupun tidak akan berkurang sampai pada waktu TUHAN memberi hujan ke atas muka bumi." (1 Raja-Raja 17:14).

Janda itu dan anaknya harus menunggu tibanya hari saat mereka akan mati setelah memakan makanan terakhir mereka. Namun, ia percaya dan taat pada Firman Allah yang disampaikan kepadanya oleh Elia. Ia memberikan semua makanannya kepada Elia. Nah, Allah melakukan mukjizat bagi perempuan yang taat itu seperti yang Ia janjikan. Tempayan berisi tepung itu tidak habis terpakai dan buli-buli minyaknya tidak habis sampai bencana kekeringan besar itu berakhir. Janda itu, anaknya, dan Elia diselamatkan.

Tindakan ketaatan adalah bukti dari iman

Markus 9:23 berkata, "Jawab Yesus, 'Katamu: jika Engkau dapat? Tidak ada yang mustahil bagi orang yang percaya!'"

Ini adalah hukum keadilan yang mengatakan bahwa jika kita percaya, maka kita dapat mengalami pekerjaan Allah yang mahakuasa. Jika kita berdoa dengan iman, maka penyakit akan pergi dan jika kita memerintahkan dengan iman maka setan-setan akan keluar dan semua kesulitan serta cobaan akan menjauh. Jika kita berdoa dengan iman, kita dapat menerima berkat keuangan. Segalanya mungkin dengan iman! Ini adalah perbuatan ketaatan yang menyaksikan bahwa kita memiliki iman untuk menerima jawaban menurut hukum keadilan. Yakobus 2:22 berkata, "Kamu lihat, bahwa iman bekerjasama dengan perbuatan-perbuatan dan oleh perbuatan-perbuatan itu iman menjadi sempurna." Yakobus 2:26 mengatakan, "Sebab seperti tubuh tanpa roh adalah mati, demikian jugalah iman tanpa perbuatan-perbuatan adalah mati".

Elisa meminta janda di Sarfat untuk membawakan makanan terakhirnya kepadanya. Jika saja ia berkata, "Aku percaya bahwa engkau adalah hamba Allah dan aku percaya bahwa Allah akan memberkatiku dan makananku tidak akan pernah habis," tetapi tidak taat, maka ia tidak akan mengalami pekerjaan Allah. Itu karena, perbuatannya tidak akan menunjukkan bukti dari imannya.

Tetapi janda itu memercayai kata-kata Elia. Sebagai bukti dari imannya, ia membawakan kepada Elia makanan terakhirnya, taat pada perkataannya. Perbuatan ini adalah bukti yang menyaksikan imannya, dan terjadi mukjizat menurut hukum keadilan, yang menyatakan bahwa segala sesuatu adalah mungkin bagi orang yang percaya.

Untuk menerima visi dan mimpi-mimpi yang diberikan oleh Allah, iman dan ketaatan kita sangatlah penting. Para bapa seperti Abraham, Yakub, dan Yusuf menyimpan Firman Allah dalam pikiran mereka dan menaatinya.

Ketika Yusuf masih muda, Allah memberinya mimpi untuk menjadi orang terhormat. Yusuf tidak hanya percaya pada mimpi itu tetapi ia juga selalu mengingatnya dan ia tidak berubah pikiran hingga ia memenuhi mimpi itu. Ia mencari pekerjaan Allah dalam segala keadaan dan mengikuti tuntunan Allah.

Sebagai seorang hamba dan tawanan selama 13 tahun, ia tidak meragukan mimpi yang telah diberikan Allah kepadanya, walaupun kenyataannya terlihat seperti kebalikan dari mimpinya.

Ia tetap berjalan di jalan yang benar dengan menaati perintah-perintah Allah. Allah melihat iman dan ketaatannya dan memenuhi mimpinya. Semua cobaan berakhir, dan pada usia 30 tahun ia menjadi orang paling berkuasa kedua di seluruh negeri Mesir, hanya setingkat di bawah Firaun, sang raja.

Gereja Pusat Manmin memimpin penginjilan dunia dalam ketaatan

Kini Gereja Pusat Manmin memiliki lebih dari sepuluh ribu gereja cabang/gabungan di seluruh dunia dan mengabarkan injil ke seluruh penjuru dunia via layanan Internet, TV satelit, dan media lainnya. Gereja kita telah menunjukkan perbuatan-perbuatan ketaatan sesuai dengan hukum keadilan dari permulaan semua pelayanan ini hingga sekarang.

Sejak saya bertemu Allah, semua penyakit saya disembuhkan, dan mimpi saya adalah untuk menjadi penatua yang baik di pandangan Allah yang akan memuliakan Allah dan menolong banyak orang miskin. Tetapi pada suatu hari Allah memanggil saya sebagai hamba-Nya dan berkata, "Aku memilihmu sebagai hamba-Ku sebelum permulaan waktu." Dan Ia mengatakan bahwa saya telah memperlengkapi diri saya dengan Firman Allah selama tiga tahu, saya akan menyeberang berbagai lautan, sungai, dan gunung serta melakukan tanda-tanda kemana pun saya pergi.

Pada kenyataannya, saya masih orang percaya baru. Saya adalah orang yang pendiam dan tidak pandai berbicara di depan orang banyak. Namun saya menaatinya tanpa dalih dan menjadi hamba Allah. Saya melakukan yang terbaik menurut Firman Allah dalam 66 kitab di Alkitab dan saya berdoa dengan berpuasa dalam tuntunan Roh Kudus. Saya hanya taat seperti yang diperintahkan Allah.

Ketika saya mengadakan kebaktian-kebaktian penginjilan raksasa, saya tidak merencanakannya atau menyiapkannya sesuai cara saya, tetapi saya hanya menaati perintah Allah. Saya hanya pergi ke mana Ia memerintahkan saya untuk pergi. Untuk kebaktian penginjilan berukuran raksasa, biasanya membutuhkan waktu bertahun-tahun untuk menyiapkannya, tetapi jika Allah memerintahkan, kami menyiapkannya hanya dalam beberapa bulan. Walaupun kami tidak memiliki cukup uang untuk mengadakan kebaktian penginjilan ukuran raksasa itu, jika kami berdoa, maka Allah selalu memenuhi kebutuhan keuangan kami. Kadang-kadang Allah memerintahkan saya untuk pergi ke negara-negara yang tidak mungkin untuk mengabarkan injil.

Pada tahun 2002, ketika kami sedang menyiapkan kebaktian penginjilan di Chennai, India, pemerintah Tamil Nadu mengumumkan undang-undang baru yang melarang pindah agama yang terpaksa. Undang-undang itu menyatakan bahwa tidak ada orang yang boleh pindah agama atau membuat seseorang pindah dari agama satu ke agama lainnya dengan paksa atau iming-iming atau cara menipu yang bagaimanapun. Tindakan pindah agama dapat memperoleh hukuman penjara hingga lima tahun dan denda, jika orang yang pindah agama itu adalah "orang di bawah umur, perempuan, atau orang yang termasuk Kasta Terbuang atau Suku Terbuang". Dendanya adalah 1 lakh rupee atau 100.000 rupee yang merupakan upah sebanyak 2.000 hari kerja.

Kebaktian pengabaran injil kami di Marina Beach ditujukan bukan hanya kepada orang-orang Kristen India, melainkan juga kepada banyak penganut Hindu, yang merupakan 80% dari total penduduk.

Undang-undang Pelarangan Pindah Agama yang Dipaksakan seharusnya mulai berlaku pada hari pertama kebaktian penginjilan kami. Jadi, saya harus merasa siap masuk penjara ketika saya mengkhotbahkan injil di panggung kebaktian penginjilan. Ada orang yang mengatakan kepada saya bahwa polisi Tamil Nadu akan datang dan mengawasi kebaktian penginjilan kami untuk merekam khotbah saya.

Dalam keadaan penuh ancaman ini, para pendeta yang berkebangsaan India dan komite penyelenggara bersikap kaku dan tegang. Tetapi saya memberanikan diri dan menaati Allah karena Allah yang memerintahkannya. Saya tidak takut ditangkap atau masuk penjara, dan saya dengan berani menyatakan Allah Pencipta dan Juru Selamat, Yesus Kristus.

Kemudian, Allah melakukan hal-hal ajaib. Ketika berkhotbah, saya berkata, "Jika kamu memiliki iman dalam hatimu, berdirilah dan berjalan." Pada saat itu, seorang anak laki-laki mulai berdiri dan berjalan. Anak laki-laki itu, sebelum datang ke kebaktian penginjilan, tulang panggul dan pahanya terluka saat operasi dan kedua bagian itu harus disambungkan dengan pelat logam. Ia menderita nyeri yang sangat parah setelah operasi dan tidak dapat berjalan satu langkah pun tanpa kruk. Tetapi ketika saya perintahkan, "Berdirilah dan berjalan," ia segera melemparkan kruknya dan mulai berjalan.

Pada hari itu, selain mukjizat pada anak laki-laki itu, banyak pekerjaan ajaib kuasa Allah terjadi di sana. Orang buta jadi dapat melihat, orang tuli bisa mendengar, dan orang bisu jadi berbicara. Banyak orang yang berdiri dari kursi rodanya dan membuang kruk mereka. Berita itu cepat tersebar ke kota dan semakin banyak orang berkumpul keesokan harinya.

Ada total tiga juta orang datang ke kebaktian itu dan yang lebih mengejutkan, lebih dari 60% yang datang itu adalah penganut Hindu. Ada tanda-tanda agama Hindu di dahi mereka. Setelah mereka mendengarkan khotbah itu dan menyaksikan pekerjaan penuh kuasa Allah, mereka mengambil langkah itu dan bertekad untuk masuk Kristen.

Kebaktian penginjilan itu membawa persatuan di antara orang-orang Kristen setempat, dan akhirnya undang-undang melarang pindah agama yang dapat dipaksa itu dihapuskan. Pekerjaan yang demikian luar biasa dilakukan melalui ketaatan akan Firman Allah.

Sekarang, untuk mengalami pekerjaan Allah yang demikian luar biasa, apa khususnya yang harus kita taati?

Pertama-tama, kita harus menaati ke-66 kitab di Alkitab

Kita jangan menaati Firman Allah hanya ketika Allah sendiri yang datang ke hadapan kita dan menyuruh kita. Kita harus menaati firman yang tertulis dalam 66 kitab di Alkitab sepanjang waktu. Kita harus mengerti kehendak Allah dan menaatinya melalui Alkitab, dan kemudian kita dapat menaati khotbah yang kita sampaikan di gereja. Yaitu, firman yang menyuruh kita untuk melakukan, jangan melakukan, memelihara, atau membuang hal-hal tertentu adalah aturan keadilan Allah, dan dengan demikian kita harus menaatinya.

Misalnya, jika Anda mendengar bahwa Anda harus bertobat dari dosa-dosa Anda dengan airmata dan hidung basah. Hukum Taurat mengatakan bahwa kita dapat menerima jawaban dari Allah hanya setelah kita menghancurkan tembok dosa yang menghalangi kita dan Allah (Yesaya 59:1-2). Juga, kita mendengar bahwa kita harus berseru dalam doa. Ini adalah metode berdoa yang menurunkan jawaban menurut Hukum Taurat yang menyatakan bahwa kita menikmati buah dari keringat dan kerja keras kita (Lukas 22:44).

Agar kita dapat bertemu dengan Allah dan menerima jawaban-Nya, kita harus terlebih dulu bertobat dari dosa-dosa kita dan berseru dalam doa meminta kepada Allah apa yang kita inginkan. Jika ada orang yang menghancurkan tembok dosanya, berdoa dengan segenap kekuatannya, dan menunjukkan perbuatan iman, maka ia akan dapat melihat Allah dan menerima jawaban. Ini adalah hukum keadilan.

Kedua, kita harus percaya dan taat pada perkataan hamba Allah yang disertai oleh Allah

Tepat setelah pembukan gereja, ada seorang pasien kanker yang dibawa ke gereja dengan menggunakan tandu menghadiri kebaktian penyembahan. Saya menyuruhnya untuk duduk mengikuti kebaktian. Istrinya mendukungnya dari belakang dan ia hampir tidak dapat duduk selama kebaktian penyembahan itu. Apakah saya tidak tahu bahwa sangat sulit baginya untuk duduk karena ia sangat sakit dan harus diangkat menggunakan tandu? Tetapi saya memberinya nasihat dengan ilham dari Roh Kudus, dan ia taat.

Karena melihat ketaatannya, Allah segera mengabulkan kesembuhan ilahi kepadanya. Maka, semua rasa sakitnya hilang dan ia dapat mulai berdiri dan berjalan sendiri.

Sama seperti janda di Sarfat menaati perkataan Elia dengan memercayai seorang hamba Allah, maka ketaatan orang itu menjadi jalan bagi Allah untuk menjawab dia. Ia tidak dapat disembuhkan hanya dengan imannya sendiri. Tetapi ia mengalami kuasa penyembahan Allah karena ia taat pada perkataan hamba Allah yang melakukan kuasa Allah.

Ketiga, kita harus menaati pekerjaan Roh Kudus

Berikutnya, untuk dapat menerima jawaban dari Allah, kita harus langsung mengikuti suara Roh Kudus yang diberikan ketika kita berdoa dan mendengarkan khotbah. Itu karena Roh Kudus tinggal dalam kita dan membawa kita ke jalan berkat dan jawaban menurut hukum keadilan.

Misalnya, selama khotbah, jika Roh Kudus mendorong Anda untuk berdoa lebih lama setelah kebaktian, Anda harus taat saja. Jika Anda taat, Anda mungkin dapat bertobat dari dosa-dosa Anda yang belum diampuni untuk waktu yang lama atau menerima hadiah bahasa lidah dalam kasih karunia Allah. Kadang-kadang ada berkat yang terjadi selama Anda berdoa.

Ketika saya masih jadi orang percaya baru, saya harus bekerja keras di lokasi konstruksi untuk memenuhi kebutuhan sehari-hari. Saya berjalan ke rumah dengan tubuh yang lelah hanya untuk menghemat ongkos bis. Tetapi jika Roh Kudus menggerakkan hati saya untuk mempersembahkan jumlah tertentu untuk persembahan pembangunan gereja atau persembahan syukur, saya akan taat.

Saya memberi tanpa menggunakan pemikiran saya sendiri. Jika saya tidak punya uang, saya akan bernazar untuk memberikannya kepada Allah pada tanggal tertentu. Dan saya mencari uang itu dengan segala upaya saya pada tanggal yang ditentukan dan memberikannya kepada Allah. Karena saya taat, Allah memberkati saya lebih dan lebih lagi dengan hal-hal yang sudah Ia siapkan.

Allah melihat ketaatan kita dan membuka pintu jawaban dan berkat. Untuk saya pribadi, Ia telah memberi kepada saya berbagai jawaban besar dan kecil terhadap apa pun yang saya minta, dan bukan hanya hal-hal finansial. Ia telah memberikan kepada saya apa pun yang saya minta jika saya taat kepada-Nya dengan iman.

2 Korintus 1:19-20 berkata, "Karena Yesus Kristus, Anak Allah, yang telah kami beritakan di tengah-tengah kamu, yaitu olehku dan oleh Silwanus dan Timotius, bukanlah "ya" dan "tidak", tetapi sebaliknya di dalam Dia hanya ada "ya". Sebab Kristus adalah "ya" bagi semua janji Allah. Itulah sebabnya oleh Dia kita mengatakan "Amin" untuk memuliakan Allah."

Agar kita dapat mengalami pekerjaan Allah menurut hukum keadilan, kita harus menunjukkan perbuatan iman melalui ketaatan kita. Sama seperti Yesus memberi contoh, jika kita taat terlepas dari keadaan dan situasi kita, maka pekerjaan Allah akan terjadi di hadapan kita dengn luar biasa. Saya berharap Anda semua akan menaati Firman Allah hanya dengan 'Ya' dan 'Amin' dan mengalami pekerjaan Allah dalam hidup Anda.

Dr. Paul Ravindran Ponraj (Chennai, India)
- Senior House Officer, Cardio-thoracic Surgery Rumah Sakit Umum Southampton, Inggris
- Registrar Cardio-thoracic Surgery di Rumah Sakit St. Georges, London, U.K.
- Senior Registrar Cardiothoracic Surgery, Rumah Sakit HAREFIELD, Middlesex, U.K.
- Dokter bedah Cardiothoracic, Rumah Sakit Willingdon, Chennai

Kuasa Allah melampaui obat

Saya telah menggunakan sapu tangan yang membawa urapan pada banyak pasien yang sakit dan melihat mereka menjadi sembuh. Saya selalu menyimpan sapu tangan itu di saku kemeja saya ketika saya sedang berada di ruang bedah untuk mengoperasi. Saya ingin menceritakan tentang mukjizat yang terjadi pada tahun 2005.
Ada seorang pemuda berusia 42 tahun; yang berprofesi sebagai kontraktor bangunan dari salah satu kota di negara bagian Tamil Nadu datang kepada saya dengan penyakit arteri koroner dan perlu menjalani operasi bypass arteri koroner. Saya menyiapkan dia untuk operasi dan dia pun dibedah. Itu adalah operasi pahat bypass (tanpa-pompa) yanga sederhana dilakukan dengan jantung berdetak. Operasi ini selesai dalam waktu dua setengah jam.
Saat dadanya sedang ditutup ia menjadi tidak stabil dengan EKG tidak normal dan tekanan darahnya turun. Saya membuka kembali dadanya dan menemukan pahat bypass-nya sempurna.

Ia dipindahkan ke lab kateterisasi untuk melakukan pemeriksaan angiogram. Hasil pemeriksaan menemukan bahwa semua pembuluh darahnya di jantung dan pembuluh darah besar di kakinya telah mengalami spasma dan tidak ada darah yang mengalir. Penyebabnya sampai kini tidak dapat kami pastikan.

Tidak ada harapan bagi orang muda ini. Ia dibawa ke ruang operasi dengan pijat jantung eksternal dan dadanya dibuka kembali dan jantungnya dipijat secara langsung selama lebih dari 20 menit. Ia pun kemudian disambungkan ke mesin paru-paru dan jantung.

Berbagai obat vasodilator diberikan untuk melegakan spasma tersebut tetapi tidak ada respons. Tekanan darahnya di pompa tetap 25 hingga 30 mmHg. selama lebih dari 7 jam dan saya menyadari bahwa pasokan darah dan oksigen pada tekanan seperti itu tidak cukup bagi otaknya untuk dapat berfungsi.

Di akhir pergumulan selama 18 jam tersebut dan 7 jam pompa jantung tanpa ada respons positif, kami memutuskan untuk menutup dadanya dan menyatakan pasien itu meninggal. Saya berlutut dan berdoa. Saya berkata, "Ya Allah, jika ini yang Kau inginkan, biarlah itu terjadi." Saya telah memulai operasi dengan doa dan juga membawa sapu tangan yang diurapi yang diberikan oleh Dr. Jaerock

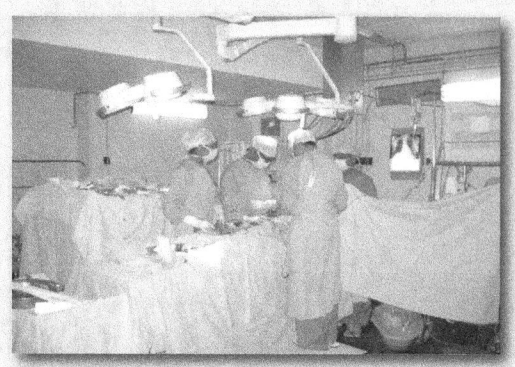
Dr. Paul Ponraj melakukan operasi (tengah)

Lee di dalam saku saya, dan saya mengingat apa yang dituliskan dalam Kisah Para Rasul 19:12. Saya bangkit dari doa saya dan berjalan ke ruang operasi saat dada pasien sedang ditutup sebelum menyatakan pasien meninggal.

Tiba-tiba terjadi perubahan dan pasien menjadi sangat normal. EKG-nya menjadi sangat normal. Seluruh tim merasa sangat terkejut dan satu anggota tim, seorang yang tidak percaya mengatakan bahwa Allah yang kamu imani telah menghargai engkau. Ya, itu benar bahwa ketika kita berjalan dalam iman kita ada di tengah-tengah mukijizat dan di akhir bencana. Anak muda ini berjalan keluar dari rumah sakit tanpa ada defisit syaraf kecuali sedikit bengkak pada kaki kanannya. Ia bersaksi dalam kebaktian doa sel bahwa Ia akan melakukan pekerjaan Allah karena ia telah menerima hidup kedua.

Ekstrak dari Hal-Hal Luar Biasa

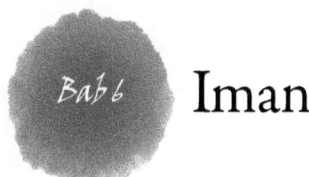 Iman

> Jika kita memiliki keyakinan penuh iman,
> kita dapat menurunkan kuasa Allah
> bahkan di hadapan situasi yang sepertinya mustahil

Hati yang tulus dan keyakinan penuh iman

Hubungan antara iman dan ketulusan

Mintalah dengan penuh keyakinan iman

Abraham dengan hati yang tulus dan penuh keyakinan iman

Untuk menanam hati yang tulus dan penuh keyakinan iman

Ujian Iman

Kebaktian Penginjilan Pakistan

"...Karena itu marilah kita menghadap Allah dengan hati yang tulus ikhlas dan keyakinan iman yang teguh, oleh karena hati kita telah dibersihkan dari hati nurani yang jahat dan tubuh kita telah dibasuh dengan air yang murni.."

(Ibrani 10:22)

Manusia menerima jawaban dari Allah dalam berbagai ukuran berbeda. Ada yang menerima jawaban hanya dengan berdoa satu kali atau hanya dengan menginginkannya saja di dalam hati, sementara ada yang harus mempersembahkan doa dan puasa berhari-hari. Untu sebagian orang, mereka melakukan tanda-tanda, mengontrol kuasa kegelapan, dan menyembuhkan orang sakit melalui doa iman (Markus 16:17-18). Sebaliknya, ada orang yang berkata bahwa mereka berdoa dengan iman tetapi tidak terjadi tanda-tanda atau mukjizat melalui doa mereka.

Jika ada orang yang menderita penyakit walaupun ia adalah orang yang percaya kepada Allah dan ia berdoa, ia perlu merenungkan imannya. Firman dalam Alkitab adalah kebenaran yang tak pernah berubah selamanya, dan dengan demikian jika ada orang yang memilliki iman yang diakui oleh Allah, ia dapat menerima apa pun yang ia minta. Allah menjanjikan kepada kita dalam Matius 21:22, "Dan apa saja yang kamu minta dalam doa dengan penuh kepercayaan, kamu akan menerimanya." Kini, apa alasannya mengapa orang-orang menerima jawaban dari Allah dalam ukuran yang berbeda-beda?

Hati yang tulus dan keyakinan penuh iman

Ibrani 10:22 berkata, "... Karena itu marilah kita menghadap Allah dengan hati yang tulus ikhlas dan keyakinan iman yang teguh, oleh karena hati kita telah dibersihkan dari hati nurani yang jahat dan tubuh kita telah dibasuh dengan air yang murni." Hati yang tulus di sini adalah hati sejati yang tidak ada kepalsuan. Ini adalah hati yang menyerupai hati Yesus Kristus.

Sederhananya, iman yang penuh keyakinan adalah iman yang sempurna. Iman ini percaya semua firman dalam 66 kitab di Alkitab tanpa ada keraguan apa pun dan memelihara semua Perintah Allah. Hingga tahap kita memiliki hati yang tulus maka barulah kita dapat memiliki iman yang sempurna. Pengakuan orang-orang yang telah memenuhi hati sejati adalah pengakuan iman yang sejati. Allah menjawab doa orang-orang ini dengan cepat.

Banyak orang yang mengaku iman mereka di hadapan Allah, tetapi ketulusan pengakuan mereka semuanya berbeda. Ada orang yang pengakuan imannya 100% benar karena hati mereka 100% tulus, sementara ada orang yang pengakuan imannya hanya 50% benar karena hati mereka hanya 50% benar. Jika seseorang hatinya hanya 50% benar, maka Allah akan berkata, "Kamu hanya percaya kepada-Ku setengah hati." Ketulusan yang ada dalam pengakuan iman seseorang adalah ukuran iman yang diakui oleh Allah.

Hubungan antara iman dan ketulusan

Dalam hubungan kita dengan orang lain, jika kita mengatakan bahwa kita memercayai orang itu dan tingkat di mana kita sungguh-sungguh memercayai mereka bisa jadi sangat berbeda. Misalnya, ketika ibu pergi keluar dan meninggalkan anak-anaknya yang masih kecil di rumah, apa yang akan mereka katakan? Mereka mungkin berkata, "Kalian harus bersikap baik dan diam di rumah. Anak-anak, Ibu percaya kepada kalian." Nah, apakah sang ibu benar-benar memercayai anak-anaknya?

Jika seorang ibu sungguh-sungguh memercayai anaknya, ia tidak perlu berkata, "Aku percaya kepadamu." Ia dapat berkata, "Ibu akan kembali pada jam sekian sekian." Tetapi ia akan menambahkan perkataannya sedikit jika anaknya tidak dapat dipercaya. Ia mungkin menambahkan, "Ibu baru membersihkan rumah, tolong jaga rumahnya tetap rapi. Jangan sentuh kosmetik ibu, dan kamu jangan menyalakan api kompor." Ia membahas satu demi satu poin yang membuatnya kuatir dan sebelum keluar ia mengatakan kepada anaknya, "Ibu percaya kepada kamu, jadi dengarkan nasihat Ibu..."

Jika tingkat kepercayaannya bahkan lebih rendah, walaupun ia sudah memberi tahu anaknya apa yang harus dilakukan, ia mungkin menelepon ke rumah dan memeriksa apa yang sedang dilakukan anaknya. Ia bertanya, "Apa yang sekarang kamu lakukan? Apakah semua baik-baik saja?" dan mencoba mencari tahu apa yang sedang dilakukan anaknya. Ia berkata bahwa ia memercayai anaknya tetapi dalam hatinya ia tak dapat percaya sepenuhnya. Ukuran kepercayaan orangtua terhadap anak-anaknya semua berbeda.

Anda dapat lebih memercayai sebagian anak dibandingkan anak-anak yang lain tergantung pada seberapa tulus dan bisa dipercayanya mereka. Jika mereka selalu mendengarkan orangtuanya, maka orangtuanya dapat memercayai mereka 100%. Ketika orangtuanya berkata, "Aku memercayai kamu," hal itu sungguh-sungguh.

Mintalah dengan penuh keyakinan iman

Nah, jika anak, yang dipercayai 100% oleh orangtuanya, meminta sesuatu, orangtuanya pasti memberikan apa yang diminta anak ini. Mereka tidak bertanya kepadanya, "Apa yang akan kamu lakukan dengan ini?" "Apa kamu sungguh-sungguh memerlukannya sekarang?" dan seterusnya. Mereka dapat saja langsung memberi apa yang ia inginkan secara penuh dan berpikir, 'Ia memintanya pasti karena itu diperlukan. Ia tidak akan membuang apa pun.'

Tetapi jika orangtua tidak memiliki kepercayaan yang penu, mereka akan taat hanya setelah mereka dapat memahami alasan yang masuk akal dari permintaan seorang anak. Semakin kecil tingkat kepercayaan mereka, maka semakin kecil kemungkinan mereka akan percaya pada apa yang dikatakannya anaknya dan mereka akan ragu untuk memberikan apa yang diminta anak itu. Jika anak itu terus meminta dan meminta, maka kadang-kadang orangtuanya memberikan saja permintaannya itu kepadanya, bukan karena mereka percaya, tetapi karena dia terus-menerus meminta.

Prinsip ini juga berlaku sama antara Allah dan kita. Apakah Anda memiliki hati yang tulus sehingga Allah dapat mengakui iman Anda 100% dan berkata, "Engkau anak-Ku laki-laki dan perempuan, apakah kamu percaya kepada-Ku dengan keyakinan penuh?"

Kita jangan menjadi orang yang menerima dari Allah hanya karena kita terus-menerus meminta siang dan malam. Kita harus dapat menerima apa pun yang kita minta dengan berjalan dalam kebenaran dalam segala hal, dengan tidak memiliki apa pun yang dapat membuat kita tertuduh (1 Yohanes 3:21-22).

Abraham dengan hati yang tulis dan penuh keyakinan iman

Alasan mengapa Abraham dapat menjadi bapa iman adalah karena ia memiliki hati yang sejati dan keyakinan iman yang penuh. Abraham percaya pada janji Allah dan tak pernah meragukannya dalam segala keadaan.

Allah menjanjikan kepada Abraham, ketika ia berumur 75 tahun, bahwa akan ada bangsa yang besar datang dari keturunannya. Tetapi selama lebih dari 20 tahun sejak saat itu, ia tidak juga memperoleh anak. Ketika ia berusia 99 tahun dan Sarah 89, ketika mereka sudah terlalu tua untuk memiliki anak, Allah mengatakan bahwa mereka akan memiliki anak satu tahun kemudian. Roma 4:19-22 menjelaskan keadaannya.

Dikatakan, "Imannya tidak menjadi lemah, walaupun ia mengetahui, bahwa tubuhnya sudah sangat lemah, karena usianya telah kira-kira seratus tahun, dan bahwa rahim Sara telah tertutup. Tetapi terhadap janji Allah ia tidak bimbang karena ketidakpercayaan, malah ia diperkuat dalam imannya dan ia memuliakan Allah, dengan penuh keyakinan, bahwa Allah berkuasa untuk melaksanakan apa yang telah Ia janjikan. Karena itu hal ini diperhitungkan kepadanya sebagai kebenaran." Walaupun itu hal itu mustahil dengan kemampuan manusia, Abraham tidak pernah ragu melainkan percaya pada janji Allah sepenuhnya, dan Allah mengakui iman Abraham. Allah membuatnya memiliki anak lak-laki, Ishak, tahun berikutnya, seperti yang Ia janjikan.

Tetapi agar Abraham dapat menjadi bapa iman, masih ada satu ujian lagi. Ishak lahir bagi Abraham ketika usianya sudah 100 tahun, dan Ishak tumbuh dengan baik. Abraham sangat mengasihi anaknya. Pada saat ini, Allah memerintahkan Abraham untuk mempersembahkan sebagai korban bakaran sama seperti mengorbankan sapi atau domba sebagai korban bakaran. Di masa Perjanjian Lama mereka menguliti, memotong-motong hewan korban menjadi kecil-kecil, lalu memberikannya sebagai korban bakaran.

Ibrani 11:17-19 menjelaskan dengan baik bagaimana Abraham bertindak pada saat ini, "Karena iman maka Abraham, tatkala ia dicobai, mempersembahkan Ishak. Ia, yang telah menerima janji itu, rela mempersembahkan anaknya yang tunggal, walaupun kepadanya telah dikatakan: "Keturunan yang berasal dari Ishaklah yang akan disebut keturunanmu." Karena ia berpikir, bahwa Allah berkuasa membangkitkan orang-orang sekalipun dari antara orang mati. Dan dari sana ia seakan-akan telah menerimanya kembali" (Ibrani 11:17-19 ESVUK).

Abraham mengikat Ishak ke mezbah, dan ia sudah siap untuk memotong anaknya dengan pisau. Pada saat itulah, seorang malaikat dari Allah tampil dan berkata, "Jangan bunuh anak itu dan jangan kauapa-apakan dia, sebab telah Kuketahui sekarang, bahwa engkau takut akan Allah, dan engkau tidak segan-segan untuk menyerahkan anakmu yang tunggal kepada-Ku." (Kejadian 22:12). Melalui ujian ini, iman sempurna Abraham diakui oleh Allah dan ia membuktikan sendiri bahwa dirinya layak untuk menjadi Bapa Iman.

Untuk menanam hati yang tulus dan iman yang penuh keyakinan

Saya pernah mengalami saat di mana saya tidak punya pengharapan lagi dan hanya tinggal menunggu mati. Tetapi kakak perempuan saya membawa saya ke gereja dan hanya dengan berlutut untuk berdoa di gereja Allah, saya disembuhkan dari semua penyakit saya oleh kuasa Allah. Itu adalah jawaban bagi segala doa dan puasa kakak saya bagi saya.

Sejak saya menerima kasih dan karunia Allah yang mengagumkan, saya jadi sangat ingin tahu lebih banyak tentang Dia. Saya datang ke banyak kebaktian kebangunan rohani selain segala jenis kebaktian penyembahan untuk belajar tentang Firman Allah. Walaupun saya melakukan pekerjaan yang menguras tenaga di lokasi konstruksi, saya datang ke kebaktian doa subuh setiap pagi. Saya hanya ingin mendengar Firman Allah dan belajar tentang kehendak-Nya sebaik mungkin.

Ketika para pendeta mengajari saya tentang kehendak Allah, saya hanya taat. Saya mendengar bahwa tidak benar bagi anak Allah untuk merokok dan minum minuman beralkohol, maka saya segera berhenti merokok dan minum. Sejak saya mendengar bahwa kita harus memberikan perpuluhan dan persembahan kita kepada Allah, saya tidak pernah lupa memberikannya kepada Allah hingga hari ini.

Saat saya membaca Alkitab, saya melakukan apa yang Allah perintahkan kepada kita untuk dilakukan dan memelihara apa yang Allah suruh kita pelihara. Saya tidak melakukan apa yang dilarang oleh Alkitab. Saya berdoa, dan bahkan berpuasa untuk membuang hal-hal yang Alkitab suruh untuk kita buang. Tidaklah mudah untuk membuang itu semua, saya berpuasa untuk melakukannya. Allah memperhitungkan upaya-upaya saya untuk membalas kasih karunia Allah dan memberi saya iman yang berharga.

Iman saya kepada Allah menjadi semakin kuat hari demi hari. Saya tidak pernah meragukan Allah dalam ujian atau kesulitan apa pun. Karena saya menaati Firman Allah, hati saya berubah menjadi hati tulus yang tidak memiliki kepalsuan. Ini seperti berubah menjadi hati yang baik dan murni untuk menjadi seperti hati Tuhan.

Seperti dikatakan dalam 1 Yohanes 3:21, "Saudara-saudaraku yang kekasih, jikalau hati kita tidak menuduh kita, maka kita mempunyai keberanian percaya untuk mendekati Allah;" Saya meminta segala sesuatu kepada Allah dengan iman percaya, dan saya menerima jawaban.

Ujian Iman

Sementara itu, pada Februari 1987, 7 bulan setelah pembukaan gereja, ada ujian besar atas iman saya. Ketiga putri saya dan seorang pria muda ditemukan keracunan gas karbonmonoksida pada Sabtu pagi. Itu terjadi tepat setelah kebaktian penyembahan Jumat semalaman. Saat itu rasanya mustahil mereka dapat hidup kembali karena mereka telah menelan gas beracun itu hampir sepanjang malam.

Bola mata mereka terbalik dan ada busa di mulut mereka. Tubuh mereka tidak memiliiki tenaga dan lunglai. Saya meminta jemaat gereja untuk membaringkan mereka di lantai gereja, naik ke altar dan memanjatkan doa syukur kepada Allah.

"Ya Allah Bapa, terima kasih. Engkau yang memberi, dan Kau pula yang mengambil. Aku mengucap syukur karena Engkau mengambil anak-anakku ke pangkuan Tuhan. Aku bersyukur kepada-Mu ya, Allah, karena Engkau membawa mereka ke dalam kerajaan-Mu, di mana tak ada air mata, kesedihan, atau kesakitan."

"Tetapi karena pemuda ini hanyalah jemaat dari gereja ini, aku meminta kepada-Mu untuk membangkitkan dia. Aku tak ingin peristiwa ini memburukkan nama-Mu..."

Setelah berdoa kepada Allah seperti ini, saya pertama-tama mendoakan si pemuda itu, dan kemudian ketiga putri saya satu persatu. Kemudian, tidak sampai beberapa menit setelah saya berdoa bagi mereka, mereka berempat berdiri dengan kesadaran penuh dalam urutan yang saya doakan.

Karena saya sungguh-sungguh memercayai dan mengasihi Allah, saya mempersembahkan doa syukur tanpa menyimpan dendam atau kesedihan dalam hati saya, dan Allah tergerak oleh doa ini dan menunjukkan keajaiban besar kepada kami. Jemaat kita dapat memiliki iman yang lebih besar melalui insiden ini. Iman saya juga diakui oleh Allah dengan lebih luar biasa dan saya menerima kuasa lebih besar dari Allah. Saya belajar bagaimana mengusir gas beracun, walaupun gas itu bukan makhluk hidup.

Ketika ada ujian iman, jika kita menunjukkan iman yang tidak berubah kepada Allah, maka Allah akan mengakui iman kita dan memberi kita upah berupa berkat. Bahkan musuh kita setan dan Iblis tidak akan dapat lagi mendakwa kita karena mereka juga melihat bahwa iman kita adalah iman sejati.

Mulai saat itu saya dapat mengatasi segala ujian, selalu menjadi semakin dekat dengan Allah karena hati yang tulus dan iman sempurna. Setiap kali, saya melihat kuasa lebih besar dari atas. Dengan kuasa Allah yang diberikan kepada saya dengan cara begini, Allah membuat saya dapat mengadakan kebaktian-kebaktian penginjilan sejak tahun 2000.

Ketika saya mempersembahkan hingga 40-hari puasa sebelum pembukaan gereja, Allah menerimanya dengan sukacita dan memberi saya misi Penginjilan Dunia dan Membangun Bait Agung (Grand Sanctuary). Bahkan setelah lima tahun atau sepuluh tahun, saya tidak dapat melihat cara apa pun untuk memenuhi misi-misi tersebut. Namun, saya masih percaya bahwa Allah akan memenuhinya dan berdoa terus untuk misi-misi ini.

Selama 17 tahun berikutnya sejak pembukaan gereja, Allah memberkati kami untuk memenuhi penginjilan dunia melalui kebaktian-kebaktian penginjilan luar negeri di mana kuasa Allah yang luar biasa dimanifestasikan. Dimulai dengan Uganda, kami juga mengadakan kebaktian penginjian di Jepang, Pakistan, Kenya, Filipina, India, Dubai, Rusia, Jerman, Peru, Republik Demokrasi Kongo, Amerika Serikat, dan bahkan Israel, tempat di mana pengabaran injil itu hampir mustahil dilakukan. Dan ada begitu banyak pekerjan penyembuhan yang terjadi. Banyak orang yang bertobat dari Hindu dan Islam. Kami sangat memuliakan Allah.

Ketika waktunya tiba, Allah membuat saya menerbitkan banyak buku dalam berbagai bahasa untuk mengabarkan injil melalui penerbitan. Ia juga membuat kami dapat membangun saluran TV Kristan yang disebut Jaringan Kristen Global (Global Christian Network - GCN), dan jaringan dokter medis Kristen, World Christian Doctors Network (WCDN), semuanya untuk menyebarkan pekerjaan kuasa Allah yang dimanifestasikan di dalam gereja kami.

Kebaktian Penginjilan Pakistan

Ada banyak peristiwa yang kami atasi dengan iman di kebaktian penginjilan luar negeri, tetapi saya ingin membicarakan tentang kebaktian penginjilan Pakistan secara khusus, yang diadakan pada Oktober 2000.

Pada hari kebaktian penginjilan bersatu kami mengadakan konferensi pelayan. Walaupun kami telah menerima persetujuan dari pemerintah, lokasi konferensi ditutup ketika kami datang ke sana pada pagi hari. Mayoritas penduduk Pakistan adalah

Muslim. Ada ancaman teror terhadap kebaktian Kristen kami. Karena kebaktian kami dipublikasikan oleh media, orang-orang Muslim mencoba mengganggu kebaktian penginjilan kami. Itulah sebabnya pemerintah tiba-tiba mengubah sikap mereka, membatalkan izin untuk menggunakan lokasi tersebut, dan memblokir orang-orang yang datang untuk menghadiri konferensi tersebut. Namun, saya tidak terganggu atau bahkan terkejut di dalam pikiran saya. Malahan, saat hati saya tergerak, saya berkata, "Konferensi akan dimulai pada tengah hari ini." Saya mengaku iman saya sementara polisi bersenjata memblokir gerbang dan sepertinya kecil kemungkinan bahwa pejabat pemerintah akan berubah pikiran.

Allah telah terlebih dahulu mengetahui bahwa hal ini akan terjadi dan mempersiapkan mentri budaya dan olahraga Pakistan yang dapat menyelesaikan masalah ini. Ia sedang ada di Lahore untuk urusan bisnis, dan ketika ia sedang akan menuju bandara untuk kembali ke Islamabad, ia mendengar tentang situasi kami dan menelepon departemen kepolisian serta kantor pemerintah pusat, sehingga kebaktian itu dapat diadakan. Ia bahkan menunda keberangkatan penerbangannya supaya ia dapat datang dan mengunjungi lokasi konferensi itu diadakan.

Oleh pekerjaan ajaib Allah, gerbang di lokasi itu dibuka, dan ada begitu banyak orang yang masuk dengan sorak-sorai dan seruan sukacita. Mereka saling berpelukan dan meneteskan airmata akibat emosi yang mendalam dan sukacita, mengucap syukur kepada Allah. Dan itu terjadi tepat di tengah hari!

Keesokan harinya, pada kebaktian penginjilan, pekerjaan besar kuasa Allah dimanifestasikan di tengah-tengah orang terbanyak dalam sejarah Kristen Pakistan. Peristiwa itu juga membuka pekerjaan misi di Timur Tengah. Sejak saat itu, kami memuliakan Allah dengan luar biasa di negara-negara tempat kami melakukan kebaktian penginjilan agar banyak orang datang dan terjadi pekerjaan penuh kuasa dari Allah.

Sama seperti kita dapat membuka pintu apa saja jika kita

memiliki "kunci utama", jika kita memiliki iman yang sempurna, kita dapat menurunkan kuasa Allah dalam keadaan yang paling mustahil sekalipun. Kemudian, semua masalah dapat diselesaikan dalam sekejap.

Dan walaupun terjadi kecelakaan, bencana alam, atau penyakit menular, kita dapat dilindungi oleh Allah hanya jika kita mendekat kepada Allah dengan hati yang tulus dan iman yang sempurna. Juga, bahkan jika orang yang memiliki otoritas atau mereka yang jahat mencoba menjatuhkan Anda dengan rencana jahat, jika Anda memiliki hati sejati dan iman yang sempurna, Anda akan dapat memuliakan Allah seperti Daniel yang dilindungi di dalam gua singa.

Bagian pertama dari 2 Tawarikh 16:9 mengatakan, "Karena mata TUHAN menjelajah seluruh bumi untuk melimpahkan kekuatan-Nya kepada mereka yang lbersungguh hati terhadap Dia." Bahkan anak-anak Allah akan menghadapi banyak masalah besar dan kecil dalam hidup mereka. Di saat-saat ini, Allah berharap mereka akan mengandalkan Dia, berdoa dengan iman yang sempurna.

Orang-orang yang datang kepada Allah dengan hati benar akan bertobat dari dosa-dosa mereka ketika dosa mereka disingkapkan. Begitu dosa mereka diampuni, mereka beroleh kepercayaan diri, dan mereka dapat datang mendekat kepada Allah dengan keyakinan iman penuh (Ibrani 10:22). Saya berdoa dalam nama Tuhan supaya Anda memahami prinsip ini dan datang mendekat kepada Allah dengan hati yang tulus dan iman sempurna, sehingga Anda akan menerima jawaban atas apa pun yang Anda minta dalam doa.

Contoh-Contoh Dari Alkitab II

Langit ketiga dan ruang dimensi ketiga

Langit ketiga adalah tempat beradanya kerajaan Surga.

Ruang tersebut memiliki karakteristik langit ketiga yang disebut 'ruang dimensi ketiga'

Ketika cuacanya panas dan lembab di musim panas, kita sebut itu sebagai daerah tropis.

Ini bukan berarti bahwa udara yang panas dan lembab di daerah tropis sungguh-sungguh pindah ke wilayah itu.

Hanya saja cuaca di sana memiliki karakteristik yang sama dengan cuaca di daerah tropis.

Sama halnya juga, walaupun hal-hal di langit ketiga berlangsung di langit pertama (ruang fisik tempat kita tinggal), ini bukan berarti bagian khusus dari langit ketiga masuk ke langit pertama.

Tentu saja, ketika para pelayan surga, malaikat atau nabi bepergian ke langit pertama, maka gerbang yang menghubungkan langit ketiga akan terbuka.

Sama seperti astronot harus mengenakan baju luar angkasa untuk berjalan di bulan atau berjalan di luar angkasa, ketika makhluk dari langit ketiga turun ke langit pertama, mereka harus 'mengenakan' ruang dimensi ketiga.

Beberapa bapa di dalam Alkitab juga mengalami ruang langit ketiga. Biasanya itu adalah peristiwa ketika malaikat atau malaikat-malaikat Tuhan datang dan membantu mereka.

Petrus dan Paulus dibebaskan dari penjara

Kisah Para Rasul 12:7-10 berkata, "Tiba-tiba berdirilah seorang malaikat Tuhan dekat Petrus dan cahaya bersinar dalam ruang itu. Malaikat itu menepuk Petrus untuk membangunkannya, katanya, "Bangunlah segera!" Maka gugurlah rantai itu dari tangan Petrus. Lalu kata malaikat itu kepadanya, "Ikatlah pinggangmu dan kenakanlah sepatumu!" Ia pun berbuat demikian. Lalu malaikat itu berkata kepadanya, "Kenakanlah jubahmu dan ikutlah aku!" Dan ia keluar dan terus mengikuti, dan ia tidak tahu bahwa apa yang sedang dilakukan oleh malaikat itu sungguh terjadi, tapi ia mengira ia sedang memperoleh penglihatan. Setelah mereka melalui tempat kawal pertama dan tempat kawal kedua, sampailah mereka ke pintu gerbang besi yang menuju ke kota. Pintu itu terbuka dengan sendirinya bagi mereka. Sesudah tiba di luar, mereka berjalan sampai ke ujung jalan, dan tiba-tiba malaikat itu meninggalkan dia."

Kisah Para Rasul 16:25-26 berkata, "Tetapi pada kira-kira tengah malam Paulus dan Silas berdoa dan menyanyikan lagu pujian kepada Allah, dan para tahanan lain mendengarkan mereka; tiba-tiba terjadilah gempa bumi yang besar, sehingga pondasi rumah penjara itu tergoncang; dan segera semua pintu terbuka dan belenggu-belenggu terlepas."

Ini adalah kejadian saat Silas dan rasul Paulus dilempar ke penjara tanpa melakukan kesalahan apa pun, hanya karena mereka mengabarkan injil. Mereka dianiaya saat mengabarkan injil, tetapi mereka sama sekali tidak mengeluh. Tetapi mereka memuji Allah dan bersukacita karena mereka dapat menderita bagi nama Tuhan. Karena hati mereka tulus menurut keadilan langit ketiga, Allah mengirimkan malaikat kepada mereka untuk membebaskan mereka. Belenggu atau tembok besi tidak menjadi masalah bagi para malaikat itu.

Daniel selamat dari gua singa

Ketika Daniel menjadi perdana mentri Kekaisaran Persia, ada orang-orang yang iri kepadanya berkomplot untuk menghancurkan dia. Akhirnya ia dilempar ke gua singa. Tetapi Daniel 6:22 berkata, "Allahku mengirim malaikat-Nya untuk mengatupkan mulut singa-singa itu, hingga mereka tidak membinasakan aku. Sebab, bagaimanapun, ternyata aku tidak bersalah di hadapan-Nya, juga terhadap engkau, ya raja, aku tidak melakukan kejahatan." Di sini, 'Allahku mengirim malaikat-Nya untuk mengatupkan mulut singa-singa itu' artinya adalah ada ruang dari langit ketiga yang melingkupi singa-singa itu.

Di dalam kerajaan surga di langit ketiga, bahkan hewan-hewan yang buas di bumi, seperti singa, tidak buas dan sangat lembut. Jadi, singa-singa di bumi juga juga menjadi lembut ketika ruang langit ketiga menyelubungi mereka. Tetapi jika ruang itu diangkat, mereka akan kembali ke karakter mereka masing-masing yang aslinya ganas. Daniel 6:24 berkata, "Raja memberi perintah, lalu diambillah orang-orang yang telah menuduh Daniel dan mereka dilemparkan ke dalam gua singa, baik mereka maupun anak-anak dan isteri-isteri mereka. Belum lagi mereka sampai ke dasar gua itu, singa-singa itu telah menerkam mereka, bahkan meremukkan tulang-tulang mereka."

Daniel dilindungi oleh Allah karena ia tidak berdosa sama sekali. Orang-orang jahat mencoba mencari alasan untuk menuduhnya tetapi mereka tidak dapat menemukannya. Dan juga ia terus berdoa walaupun nyawanya terancam. Semua tindakannya dianggap sesuai dengan keadilan dimensi ketiga, dan karena inilah maka ruang dimensi ketiga melingkupi gua singa itu dan Daniel sama sekali tidak berubah.

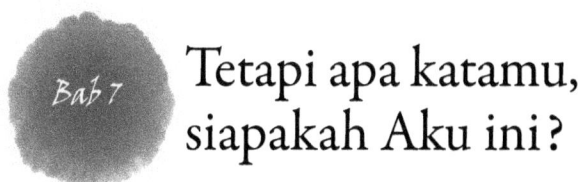

Bab 7 Tetapi apa katamu, siapakah Aku ini?

" Engkau adalah Mesias, Anak Allah yang hidup."
Jika engkau membuat pengakuan iman
dari kedalaman hatimu,
maka perbuatanmu akan mengikuti.
Allah memberkati orang-orang yang membuat pengakuan demikian.
"

Pentingnya mengaku dengan bibir

Petrus berjalan di atas air

Petrus menerima kunci surga

Alasan mengapa Petrus menerima berkat luar biasa

Praktikkan Firman Allah jika kamu percaya Yesus adalah Juru Selamatmu.

Untuk menerima jawaban di hadapan Yesus

Menerima jawaban melalui pengakuan bibir

Lalu Yesus bertanya kepada mereka: "Tetapi apa katamu, siapakah Aku ini?" Maka jawab Simon Petrus, "Engkau adalah Mesias, Anak Allah yang hidup." Kata Yesus kepadanya, "Berbahagialah engkau Simon bin Yunus sebab bukan manusia yang menyatakan itu kepadamu, melainkan Bapa-Ku yang di sorga. "Dan Akupun berkata kepadamu: Engkau adalah Petrus dan di atas batu karang ini Aku akan mendirikan jemaat-Ku dan alam maut tidak akan menguasainya. "Kepadamu akan Kuberikan kunci Kerajaan Sorga. Apa yang kauikat di dunia ini akan terikat di sorga dan apa yang kaulepaskan di dunia ini akan terlepas di sorga."

(Matius 16:15-19)

Ada pasangan suami istri yang jarang mengatakan "Aku mencintaimu," sepanjang pernikahan mereka. Jika kita menanyakannya, mereka akan mengatakan bahwa hatinya lebih penting, dan mereka tidak perlu mengucapkannya terus-menerus. Tentu saja, perasaan hati lebih penting dari hanya sekadar mengucapkan dengan bibir.

Tidak masalah seberapa pun seringnya kita mengatakan, "Aku mencintaimu," jika kita tidak mencintai dari dalam hati kita, maka kata-kata itu tidak ada artinya. Tetapi bukankah akan lebih baik jika kita mengucapkan apa yang dirasakan oleh hati kita? Secara rohani, ini sama seperti itu.

Pentingnya mengaku dengan bibir

Roma 10:10 berkata, "...Karena dengan hati orang percaya dan dibenarkan, dan dengan mulut orang mengaku dan diselamatkan."

Tentu saja, apa yang ditekankan oleh ayat ini adalah agar kita percaya dengan hati kita. Kita tak dapat diselamatkan hanya karena mengaku dengan bibir kita, "Aku percaya," melainkan dengan percaya dari dalam hati kita. Namun, tetap saja dikatakan bahwa kita harus mengaku dengan bibir kita apa yang kita percayai di dalam hati kita. Kenapa?

Ini untuk memberi tahu kepada kita tentang pentingnya tindakan yang mengikuti pengakuan bibir. Orang-orang yang mengaku bahwa mereka percaya, tetapi hanya melakukan dengan bibirnya tanpa memiliki iman dalam hati mereka, tidak dapat menunjukkan bukti iman mereka, yang merupakan tindakan atau perbuatan iman mereka.

Tetapi orang-orang yang sungguh percaya dalam hati dan mengakuinya dengan bibir mereka menunjukkan bukti-bukti iman mereka dengan tindakan mereka. Maka, mereka melakukan apa yang Allah suruh untuk lakukan, tidak melakukan apa yang Allah larang, dan memelihara apa yang Allah suruh pelihara, serta membuang apa yang Allah suruh untuk buang.

Itulah sebabnya Yakobus 2:22 berkata, "Kamu lihat, bahwa iman bekerjasama dengan perbuatan-perbuatan dan oleh perbuatan-perbuatan itu iman menjadi sempurna." Matius 7:21 juga berkata, "Bukan setiap orang yang berseru kepadaku, Tuhan, Tuhan, akan masuk ke dalam kerajaan surga, melainkan dia yang melakukan kehendak Bapa ku yang di surga". Maka, ditunjukkan bahwa kita hanya dapat diselamatkan ketika kita mengikuti kehendak Allah.

Jika Anda melakukan pengakuan iman yang datang dari hati, ini akan diikuti oleh perbuatan. Maka, Allah menganggapnya sebagai iman sejati dan akan menjawab serta menuntun Anda ke jalan berkat. Dalam Matius 16:15-19, kita melihat Petrus menerima berkat yang demikian luar biasa melalui pengakuan imannya yang keluar dari lubuk hatinya.

Yesus bertanya kepada murid-murid, "Tetapi apa katamu, siapakah Aku ini?" Maka jawab Simon Petrus, "Engkau adalah Mesias, Anak Allah yang hidup." Bagaimana ia dapat membuat pengakuan yang demikian luar biasa?

Dalam Matius 14, kita membaca tentang keadaan di mana Petrus membuat pengakuan iman yang luar biasa. Itu terjadi saat Petrus berjalan di atas air. Karena manusia yang dapat berjalan di atas air tidak masuk ke dalam akal pengetahuan manusia. Yesus berjalan di atas air saja sudah ajaib, dan itu menarik perhatian kita ketika Petrus berjalan di atas air juga.

Petrus berjalan di atas air

Ketika itu, Yesus sedang berdoa sendirian di gunung, dan di tengah malam, Ia mendekati murid-murid-Nya yang sedang ada di perahu, terombang-ambing oleh ombak. Murid-murid-Nya mengira Ia adalah hantu. Banyangkan saja sedang malam gelap gulita dan ada sosok yang datang mendekati kamu di tengah laut. Para murid menjerit ketakutan. Yesus berkata, "Tenanglah! Aku ini, jangan takut!" Dan Petrus menjawab, "Tuhan, apabila Engkau itu, suruhlah aku datang kepada-Mu berjalan di atas air." Kata Yesus, "Datanglah!" Maka Petrus turun dari perahu dan berjalan di atas air mendapatkan Yesus.

Petrus dapat berjalan di atas air tetapi itu bukan karena imannya sempurna. Kita dapat mengerti ini dari fakta bahwa ia masih takut dan mulai tenggelam ketika ia dirasanya tiupan angin. Yesus mengulurkan tangan-Nya, memegang dia dan berkata, "Hai orang yang kurang percaya, mengapa engkau bimbang?" Jika bukan karena imannya yang sempurna, lalu bagaimanakah Petrus dapat berjalan di atas air?

Walaupun hal itu tak dapat dilakukan dengan imannya sendiri, ia percaya kepada Yesus, Anak Allah, di dalam hatinya dan mengakui Dia sehingga ia dapat berjalan di atas air untuk saat itu. Di titik ini, kita dapat menyadari sesuatu yang sangat penting: adalah penting bagi kita untuk mengaku dengan bibir ketika kita percaya kepada Tuhan dan mengakui Dia.

Sebelum Petrus berjalan di atas air, ia mengaku, "Tuhan, apabila Engkau itu, suruhlah aku datang kepada-Mu berjalan di atas air." Tentu saja, kita tidak dapat mengatakan bahwa pengakuan ini adalah pengakuan yang lengkap. Jika saja ia percaya kepada Tuhan di dalam hatinya 100%, ia akan mengaku, "Tuhan, Engkau dapat melakukan apa pun. Suruhlah aku untuk datang kepada-Mu dengan berjalan di atas air."

Tetapi, karena Petrus tidak memiliki cukup iman untuk mengucapkan pengakuan yang sempurna dari lubuk hatinya, ia berkata, "Tuhan, apabila Engkau itu." Ia meminta semacam penegasan. Tetap saja, Petrus berbeda dari para murid lainnya dengan mengucapkan pengakuan ini.

Ia membuat pengakuan imannya segera setelah ia mengenali Yesus sementara murid-murid yang lain menangis ketakutan. Ketika Petrus percaya dan mengakui Yesus serta menyatakan bahwa Ia adalah Tuhan dari keadalaman hatinya, ia dapat mengalami hal yang demikian luar biasa yang tak akan dapat dilakukan oeh imannya saja, yaitu berjalan di atas air.

Petrus menerima kunci surga

Melalui pengalaman di atas, Petrus akhirnya membuat pengakuan iman yang sempurna. Dalam Matius 16:16, Simon Petrus menjawab "Engkau adalah Mesias, Anak Allah yang hidup!"" Ini adalah pengakuan yang berbeda jenisnya dari yang ia lakukan saat berjalan di atas air. Selama pelayanan Yesus, tidak semua orang percaya dan mengenali Dia sebagai Yesus. Ada orang yang iri kepada-Nya dan mencoba membunuhnya.

Bahkan ada orang yang menghakimi dan menghujatnya dengan menyebarkan gosip seperti, 'Dia gila', ' Dia sedang kerasukan Beelzebub,' atau sebagai pangeran dari para setan ia mengusir roh-roh jon

Masih dalam Matius 16:13, Yesus bertanya kepada murid-murid-Nya, "Kata orang, siapakah Anak Manusia itu?"Mereka menjawab, "Ada yang mengatakan: Yohanes Pembaptis, ada juga yang mengatakan: Elia dan ada pula yang mengatakan: Yeremia atau salah seorang dari para nabi." Ada juga gosip jelek tentang Yesus, tetapi para murid tidak membicarakannya melainkan hanya membicarakan tentang hal-hal yang baik sehingga mereka dapat menyemangati Yesus.

Yesus kembali bertanya kepada mereka, "Tetapi apa katamu, siapakah Aku ini?" Orang yang pertama menjawab pertanyaan ini adalah Petrus. Ia berkata dalam Matius 16:16, "Engkau adalah Mesias, Anak Allah yang hidup!" Kita membaca dalam ayat-ayat berikut ini bahwa Yesus memberikan kepada Petrus perkataan penuh berkat.

"Berbahagialah engkau Simon bin Yunus sebab bukan manusia yang menyatakan itu kepadamu, melainkan Bapa-Ku yang di sorga." (Matius 16:17).

"Dan Akupun berkata kepadamu: Engkau adalah Petrus dan di atas batu karang ini Aku akan mendirikan jemaat-Ku dan alam maut tidak akan menguasainya. Kepadamu akan Kuberikan kunci Kerajaan Sorga. Apa yang kauikat di dunia ini akan terikat di sorga dan apa yang kaulepaskan di dunia ini akan terlepas di sorga." (Matius 16:18-19).

Petrus menerima berkat menjadi pondasi gereja dan otoritas untuk menampilkan hal-hal dari ruang rohani di ruang jasmani ini. Ada begitu banyak pekerjaan ajaib yang terjadi melalui Petrus kemudian; orang lumpuh jadi berjalan, orang mati dibangkitkan, dan ribuan orang bertobat sekaligus.

Juga, ketika Petrus mengutuk Ananias dan Safira yang mencurangi Roh Kudus, mereka segera jatuh dan mati (Kisah Para Rasul 5:1-11). Semua hal ini dimungkinkan karena rasul Petrus memiliki otoritas sehingga segala yang diikatnya di bumi akan terikat di surga, dan apa pun yang dilepaskannya di bumi akan terlepas di surga.

Alasan mengapa Petrus menerima berkat luar biasa

Mengapa Yesus menerima berkat yang sedemikian luar biasa? Ketika berdiri di dekat Yesus sebagai murid-NYa, dan ia melihat sangat banyak kuasa dimanifestasikan melalui Yesus.. Hal-hal yang tidak dapat dilakukan dengan kemampuan manusia terjadi melalui Yesus. Hal-hal yang tidak dapat diajarkan oleh hikmat manusia dinyatakan melalui mulut Yesus. Jadi, apa yang akan dilakukan oleh orang yang sungguh percaya kepada Allah dan memiliki kebaikan di dalam hati mereka? Bukankah mereka akan mengenali Dia dan berpikir, 'Ini bukanlah orang biasa, melainkan Anak Allah yang datang dari surga'?

Tetapi saat melihat Yesus ini, ada begitu banyak orang pada zaman itu yang tidak mengenali Dia. Terutama, imam-imam besar, para imam, orang Farisi, para ahli taurat, dan pemimpin-pemimpin yang lain tidak ingin mengakui Dia.

Ada juga orang yang iri kepada-Nya dan mencoba membunuh-Nya. Ada yang menghakimi dan menuduh Dia dengan pemikiran mereka sendiri. Yesus merasa sangat sedih akan orang-orang ini dan berkata dalam Yohanes 10:25-26, " "Aku telah mengatakannya kepada kamu, tetapi kamu tidak percaya; pekerjaan-pekerjaan yang Kulakukan dalam nama Bapa-Ku, itulah yang memberikan kesaksian tentang Aku. Tetapi kamu tidak percaya, karena kamu tidak termasuk domba-domba-Ku."

Bahkan pada zaman Yesus, ada banyak orang yang menghakimi dan menghujat Yesus serta mencoba membunuh Dia. Namun, murid-murid-Nya, yang senantiasa mengamati dia, bersikap berbeda. Tentu saja, tidak semua murid percaya dan mengakui Yesus sebagai Anak Allah dan Kristus jauh di dalam hati mereka. Tetapi, mereka tetap percaya dan mengakui Yesus.

Petrus berkata kepada Yesus, "Engkau adalah Mesias, Anak Allah yang hidup!" dan hal itu bukanlah sesuatu Ia dapat memahaminya karena ia melihat pekerjaan Allah yang mengikuti Yesus dan karena Allah-lah yang membuatnya

Praktikkan Firman Allah jika kamu percaya Yesus adalah Juru Selamatmu.

Ada yang berkata dengan bibirnya, "Aku percaya," hanya karena orang lain mengatakan bahwa kita akan diselamatkan jika kita percaya kepada Yesus, dan kita dapat disembuhkan dan menerima berkat jika kita datang ke gereja. Tentu saja, ketika Anda datang ke gereja untuk pertama kalinya, kemungkinan Anda tidak datang ke gereja karena Anda cukup tahu dan cukup percaya. Setelah mendengar bahwa mereka dapat diberkati dan diselamatkan jika mereka datang ke gereja, banyak orang yang berpikir, 'Kenapa saya tidak mencoba saja?'

Tetapi apa pun alasannya Anda datang ke gereja, setelah melihat pekerjaan ajaib Allah Anda tidak boleh memiliki pemikiran yang sama seperti sebelumnya. Saya mengatakan bahwa Anda jangan hanya mengaku iman Anda dengan bibir bahwa Anda percaya padahal tidak memiliki iman, tetapi Anda harus menerima Yesus Kristus sebagai Juru Selamat pribadi Anda dan menyampaikan tentang Yesus Kristus kepada orang lain melalui perbuatan Anda.

Sedangkan saya, saya menjalani hidup yang sungguh berbeda sejak saya bertemu dengan Allah yang hidup dan menerima Yesus sebagai Juru Selamat Pribadi saya. Saya dapat percaya kepada Allah dan Yesus sebagai juru selamat pribadi saya 100%.

Saya selalu mengakui Tuhan dalam hidup saya dan menaati Firman Allah. Saya tidak memaksakan pemikiran, teori, ataupun pendapat saya tetapi hanya mengandalkan Allah saja dalam segala sesuatu. Seperti dikatakan dalam Amsal 3:6, "Akuilah Dia dalam segala lakumu, maka Ia akan meluruskan jalanmu," karena saya mengakui Allah dalam segala sesuatu, Allah menuntun saya dalam semua jalan saya.

Lalu saya mulai menerima email-email luar biasa seperti yang sudah diterima Petrus. Seperti yang dikatakan Yesus kepada Petrus, "...Apa yang kauikat di dunia ini akan terikat di sorga dan apa yang kaulepaskan di dunia ini akan terlepas di sorga." Allah menjawab apa pun yang saya percayai dan saya minta.

Saya mengakui Allah dan membuang segala jenis kejahatan menurut Firman Allah. Ketika saya mencapai tingkat kekudusan, Allah memberi saya kuasa-Nya. Ketika saya menumpangkan tangan atas orang sakit, segala penyakit pun pergi dan mereka disembuhkan. Ketika saya berdoa bagi mereka yang memiliki masalah keluarga atau masalah bisnis, masalah mereka akan dilesesaikan. Saat saya mengakui Allah dalam segala hal, menyatakan iman saya, dan menyenangkan hati-Nya dengan melakukan Firman-Nya. Ia menjawab semua keinginan hati saya dan memberkati saya dengan sangat berlimpah.

Untuk menerima jawaban di hadapan Yesus

Di dalam Alkitab, kita melihat bahwa ada banyak orang yang datang ke hadapan Yesus, dan dengan penyakit serta kelemahan mereka disembuhkan atau masalah mereka dipecahkan. Ada orang dari bangsa lain di antara mereka, tetapi kebanyakan adalah orang Yahudi yang sudah percaya kepada Allah selama banyak generasi.

Tetapi walaupun mereka percaya kepada Allah, mereka tidak dapat menyelesaikan masalah mereka sendiri atau menerima jawaban dengan iman mereka sendiri. Mereka disembuhkan dari penyakit dan kelemahan serta masalah-masalah mereka diselesaikan ketika mereka datang kepada Yesus. Ini karena mereka percaya dan mengakui Yesus serta menunjukkan buktinya dengan tindakan mereka.

Alasan mengapa ada begitu banyak orang mencoba datang kepada Yesus dan bahkan menyentuh jubah-Nya adalah karena mereka memiliki iman bahwa Yesus bukanlah orang biasa dan masalah-masalah mereka akan selesai begitu mereka datang kepada Dia, walaupun iman mereka tidak lengkap. Mereka tidak dapat menerima jawaban atas persoalan mereka dengan iman mereka sendiri, tetapi mereka masih dapat menerima jawaban ketika mereka percaya, mengakui, dan datang kepada Yesus.

Bagaimana dengan Anda? Jika Anda sungguh percaya kepada Yesus Kristus dan berkata, "Engkaulah Kristus, Anak Allah yang hidup," maka Allah akan menjawab Anda, karena melihat hati Anda. Tentu saja, pengakuan iman orang-orang yang telah rajin datang ke gereja untuk waktu lama harus berbeda dari orang percaya baru. Ini karena Allah memerlukan jenis pengakuan dari bibir yang berbeda-beda dari orang yang berbeda sesuai dengan iman masing-masing. Sama seperti pengatahuan anak umur empat tahun dan orang dewasa muda itu berbeda, pengakuan bibirnya juga pasti berbeda.

Namun, Anda tidak dapat mewujudkan hal-hal ini sendiri, atau hanya mendengarnya dari orang lain dan mewujudkannya. Roh Kudus di dalam Anda harus memberi Anda pengertian, dan Anda harus mengaku dengan ilham dari Roh Kudus.

Menerima jawaban melalui pengakuan bibir

Di dalam Alkitab, ada banyak orang yang menerima jawaban

mereka dengan mengaku iman mereka. Di dalam Lukas pasal 18, ketika seorang buta yang percaya dan mengakui Tuhan, datang ke hadapan-Nya dan mengaku, "Tuhan, aku ingin dapat melihat" (v. 41). Yesus menjawab, "Melihatlah engkau, imanmu telah menyelamatkan engkau!" (v. 42), dan ia segera dapat melihat.

Ketika mereka percaya, mengakui, dan datang kepada Yesus dan mengaku dengan iman, Yesus menyuarakan suara mula-mula, dan jawaban diberikan. Yesus memiliki kuasa yang sama seperti Allah yang mahakuasa dan mahatahu. Jika Yesus memutuskan sesuatu di dalam benak-Nya, segala jenis penyakit atau kelemahan akan sembuh, dan bahkan segala persoalan akan diselesaikan.

Tetapi itu bukan berarti Ia menyelesaikan masalah semua orang dan menjawab doa siapa saja. Tidaklah benar menurut keadilan untuk mendoakan dan memberkati orang yang tidak percaya, mengakui, atau memiliki minat kepada Dia.

Demikian juga, bahkan jika Petrus percaya dan mengakui Tuhan dalam hatinya, jika ia tidak mengakui dengan bibirnya, apakah Yesus masih akan memberikan kata-kata berkat yang ajaib itu kepada Petrus? Yesus dapat memberikan janji berkat kepada Petrus tanpa melanggar keadilan karena Petrus percaya dan mengakui Yesus dalam hatinya dan mengakuinya dengan bibir.

Jika Anda ingin berpartisipasi dalam pelayanan Roh Kudus seperti Petrus kepada Yesus, Anda harus membuat pengakuan bibir yang keluar dari lubuk hati Anda. Melalui pengakuan bibir yang berasal dari ilham Roh Kudus, saya berharap Anda akan menerima apa yang hatimu rindukan dengan cepat.

Youngmi Yoo (Masan, Korea Selatan)

Suatu hari saya dihinggapi penyakit yang tidak diundang dan tidak dikenal.

Pada pertengahan Januari 2005, mata kiri saya tiba-tiba meredup dan penglihatan kedua mata saya melemah. Benda-benda terlihat kabur atau hampir tidak kelihatan. Banyak benda yang terlihat seperti kuning dan garis lurus terlihat bengkok dan bergelombang. Dan yang lebih parah lagi, kemudian saya muntah dan pusing-pusing.

Dokter mengatakan kepada saya, "Ini adalah Penyakit Harada. Benda-benda kelihatan bengkok karena ada benjolan kecil di mata kamu." Ia mengatakan bahwa penyebab penyakit itu belum diketahui dan penglihatan saya tidak mudah dipulihkan dengan perawatan medis. Jika tumornya membesar, syaraf mata saya akan tertutup dan dapat mengakibatkan saya kehilangan penglihatan saya. Saya mulai merenungkan diri saya dalam doa. Kemudian, saya menjadi bersyukur karena saya pasti akan tetap sombong kalau saya tidak mengalami masalah ini.

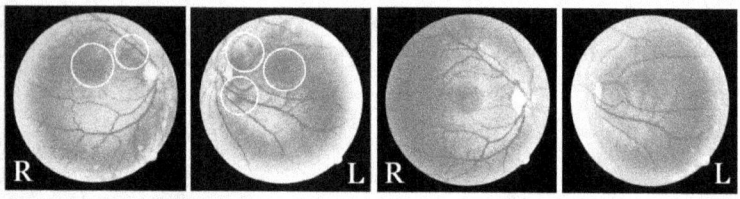
Sebelum berdoa   Tumor hilang setelah didoakan

Kemudian, lewat doa Pdt. Dr. Jaerock Lee pada tayangan itu dan dengan sapu tangan doa yang sudah ia doakan, rasa pusing dan muntah saya hilang. "Mata yang mati, bangkitlah! Terang, datanglah!"
Kemudian saya menemukan diri saya menonton kebaktian Jumat-semalaman dengan penglihatan yang sempurna. Subtitel terlihat jelas di mata saya. Saya bisa fokus pada apa yang ingin saya lihat, dan benda-benda tidak lagi terlihat kabur. Warna setiap benda menjadi jelas. Sama sekali tidak ada yang terlihat kuning. Haleluya!
Pada 14 Februari, saya datang kembali untuk pemeriksaan ulang untuk memastikan kesembuhan saya dan memuliakan Allah. Dokter berkata, "Luar biasa! Mata Anda normal." Dokter tahu tentang betapa serius kondisi mata saya, dan ia terkejut melihat betapa mata saya menjadi normal. Setelah pemeriksaan yang cermat, ia

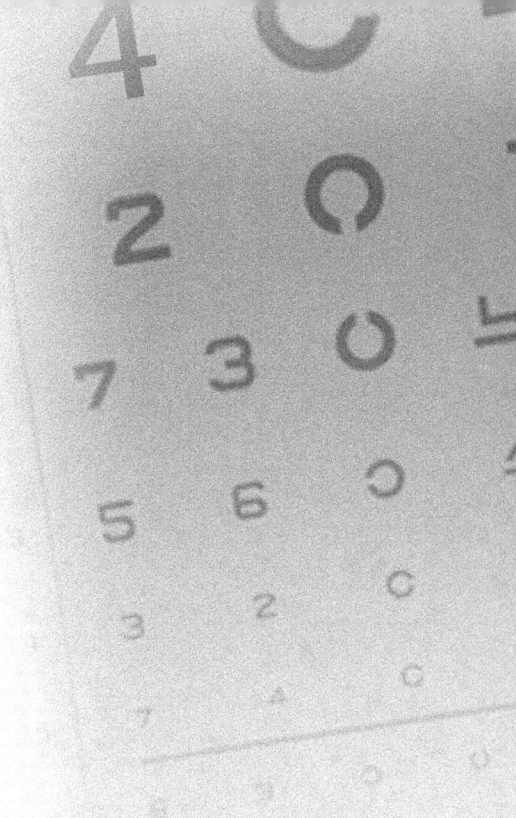

mengkonfirmasi bahwa tumor itu menghilang dan bengkaknya tidak ada lagi. Ia bertanya apakah saya menerima pengobatan di rumah sakit lain. Saya memberinya jawaban yang jelas. "Tidak. Saya didoakan oleh Pdt. Dr. Lee dan sembuh oleh kuasa Allah."
Penglihatan saya dulu 0,8/0,25 sebelum saya didoakan, tetapi kemudian membaik jadi 1,0/1,0 setelah didoakan. Kini penglihatan saya menjadi 1,2 di kedua mata.

- Ekstrak dari Hal-Hal Luar Biasa -

Apa yang kaukehendaki supaya Aku perbuat bagimu?

Bab 8

> Ketika Yesus berkata,
> "Apa yang kaukehendaki supaya Aku perbuat bagimu?"
> Itu adalah saat Yesus bicara dengan suara mula-mula.

Untuk menerima jawaban melalui suara mula-mula

Percayalah kepada Yesus dari lubuk hatimu

Berseru ketika meminta kepada Allah

Iman yang sempurna tidak akan goyah

Lemparkanlah jubahmu

Allah mendengar pengakuan iman

"Apa yang kaukehendaki supaya Aku perbuat bagimu?" Dan ia berkata, "Tuhan, aku ingin dapat melihat!"

(Lukas 18:41)

Bahkan orang-orang yang baru pertama kali datang ke gereja masih dapat menerima jawaban untuk segala jenis persoalan jika saja mereka percaya kepada Allah di lubuk hatinya. Ini karena Allah adalah Bapa kita yang baik yang ingin memberikan hal-ha baik bagi anak-anak-Nya, seperti yang tertulis dalam Matius 7:11, "Jadi jika kamu yang jahat tahu memberi pemberian yang baik kepada anak-anakmu, apalagi Bapamu yang di sorga! Ia akan memberikan yang baik kepada mereka yang meminta kepada-Nya."

Alasan mengapa Allah telah menetapkan syarat untuk menerima jawaban dalam keadilan-Nya adalah agar anak-anak-Nya yang terkasih menerima berkat yang melimpah. Allah tidak menetapkan syarat-syaratnya agar menjadi seperti, "Aku tidak dapat memberikan kepadamu karena engkau gagal memenuhi standar."

Ia mengajar kita cara-cara untuk menerima jawaban atas kerinduan hati kita, masalah keuangan, masalah keluarga, atau masalah penyakit. Dan untuk menerima jawaban dalam keadilan Allah, yang terpenting adalah iman dan ketaatan.

Untuk menerima jawaban melalui suara mula-mula

Di dalam Lukas pasal 18, kita membaca tentag orang buta yang menerima jawaban ketika Yesus bicara dengan suara mula-mula. Ia mendengar Yesus lewat saat ia sedang mengemis di jalan, dan ia memanggil dengan suara yang nyaring. "Yesus, Anak Daud, kasihanilah aku!" Orang-orang yang membuka jalan dengan keras menyuruhnya diam; tetapi ia tetap berseru dengan nyaring, "Anak Daud, kasihanilah aku!"

Dan Yesus berhenti dan memerintahkan agar ia dibawa ke hadapan-Nya; dan Ia menanyainya, "Apa yang kaukehendaki supaya Aku perbuat bagimu?" Dan ia berkata, "Tuhan, aku ingin dapat melihat!" Lalu kata Yesus kepadanya, "Pergilah, imanmu telah menyelamatkan engkau!" Segera setelah Yesus mengucapkannya, terjadi peristiwa yang luar biasa. Ia segera memperoleh penglihatannya. Dan ketika semua orang melihatnya, mereka juga memuji Allah.

Ketika Yesus berkata, "Apa yang kaukehendaki supaya Aku perbuat bagimu?" Yesus sedang menyuarakan suara mula-mula. Ketika orang buta berkata, "Tuhan, aku ingin dapat melihat!" dan Tuhan berkata, "...imanmu telah menyembuhkanmu", sekali lagi itu adalah suara mula-mula.

'Suara Mula-Mula' adalah suara Allah yang Ia ucapkan ketika Ia menciptakan langit dan bumi serta segala isinya dengan Firman-Nya. Orang buta ini dapat melihat ketika Yesus menyuarakan suara mula-mula karena ia memenuhi syarat yang baik untuk menerima jawaban. Dari saat ini, mari kita teliti bagaimana orang buta ini bisa menerima jawaban.

Percayai Yesus dari dalam hati

Yesus pergi dari kota ke kota, menyebarkan injil kerajaan surga dan mengkonfirmasi Firman-Nya dengan tanda-tanda dan mukjizat yang mengikuti. Orang lumpuh dapat berjalan, penderita kusta disembuhkan, dan orang-orang yang cacat penglihatan atau pendengaran jadi dapat melihat dan mendengar. Orang-orang yang bisu jadi dapat berbicara, dan setan-setan diusir. Karena kabar tentang Yesus tersebar luas, maka kerumunan orang berkumpul di sekeliling Yesus kemana pun Ia pergi.

Pada suatu hari, Yesus datang ke Yerikho. Seperti biasa, banyak orang berkumpul di sekeliling Yesus dan mengikuti Dia. Saat ini, seorang laki-laki buta yang sedang duduk di jalan dan meminta-minta mendengar ada kerumunan lewat dan bertanya kepada orang-orang apa yang sedang terjadi. Seseorang memberi tahu dia, "Yesus dari Nazaret sedang lewat." Kemudian, orang buta ini, tanpa ragu berseru, "Yesus, Anak Daud, kasihanilah aku!"

Alasan mengapa ia dapat berseru dengan suara nyaring seperti ini adalah karena ia percaya Yesus pasti akan membuatnya dapat melihat. Juga, terlihat bahwa ia percaya bahwa Yesus adalah Juru Selamat karena ia berseru, "Yesus, Anak Daud."

Itu karena semua orang Israel tahu bahwa Mesias akan datang dari keluarga Daud. Alasan pertama mengapa orang buta ini dapat menerima jawaban adalah karena ia percaya dan menerima Yesus sebagai Juru selamat. Ia juga percaya tanpa ragu sedikit pun bahwa Yesus ini dapat membuatnya melihat.

Walaupun ia buta dan tidak dapat melihat, ia banyak mendengar tentang Yesus. Ia mendengar tentang orang yang disebut Yesus telah hadir, dan Ia memiliki kuasa yang sedemikian besar hingga Ia dapat menyelesaikan segala masalah yang tidak dapat dipecahkan manusia mana pun.

Seperti tertulis dalam Roma 10:17, "Jadi, iman timbul dari pendengaran," oran buta ini jadi memiliki iman bahwa ia akan menerima penglihatan jika ia dapat datang kepada Yesus. Ia dapat percaya pada apa yang ia lihat karena ia memiliki hati yang relatif baik.

Demikian juga, jika kita memiliki hati yang baik, akan lebih mudah bagi kita untuk memiliki iman rogani ketika kita mendengar injil. Injil adalah 'kabar baik', dan kabar tentang Yesus juga merupakan kabar baik. Maka orang-orang yang memiliki hati baik akan menerima kabar baik itu. Misalnya, ketika ada orang yang berkata, "Saya disembuhkan dari penyakit yang tak dapat sembuh melalui doa," maka orang-orang yang berhati baik akan bersukacita dengan dia. Bahkan walaupun mereka tidak sepenuhnya memercayai hal itu, mereka akan berpikir, "Akan sangat baik jika hal itu benar terjadi."

Semakin jahat seseorang, maka semakin mereka akan meragukan dan mencoba untuk tidak memercayainya. Bahkan ada orang yang akan menghakimi atau menuduh dan berkata, "Mereka mengarang cerita untuk menipu orang lain." Tetapi jika mereka mengatakan bahwa pekerjaan Roh Kudus yang dimanifestasikan oleh Allah adalah kebohongan dan karangan semata, ini sama dengan menghujat Roh Kudus.

Matius 12:31-32 berkata, "Sebab itu Aku berkata kepadamu: Segala dosa dan hujat manusia akan diampuni, tetapi hujat terhadap Roh Kudus tidak akan diampuni. Apabila seorang mengucapkan sesuatu menentang Anak Manusia, ia akan diampuni, tetapi jika ia menentang Roh Kudus, ia tidak akan diampuni, di dunia ini tidak, dan di dunia yang akan datangpun tidak."

Jika kamu mengutuk gereja yang menunjukkan pekerjaan Roh Kudus, kamu harus bertobat. Hanya ketika tembok dosa antara Allah dan kamu telah hilang, maka kamu akan dapat menerima jawaban.

1 Yohanes 1:9 berkata, "Jika kita mengaku dosa kita, maka Ia adalah setia dan adil, sehingga Ia akan mengampuni segala dosa kita dan menyucikan kita dari segala kejahatan." Jika ada hal yang kamu harus bertobat, saya berharap kamu akan bertobat sepenuhnya di hadapan Allah dengan air mata bercucuran dan hanya berjalan di dalam Terang.

Berseru ketika meminta kepada Allah

Ketika orang buta itu mendengar Yesus lewat, ia berseru dan berkata, "Yesus, Anak Daud, kasihanilah aku!" Ia berseru kepada Yesus dengan suara nyaring Mengapa ia harus berseru dengan suara nyaring?

Kejadian 3:17 berkata, "Lalu firman-Nya kepada manusia itu: "Karena engkau mendengarkan perkataan isterimu dan memakan dari buah pohon, yang telah Kuperintahkan kepadamu: Jangan makan dari padanya, maka terkutuklah tanah karena engkau; dengan bersusah payah engkau akan mencari rezekimu dari tanah seumur hidupmu."

Sebelum manusia pertama Adam makan dari pohon pengetahuan tentang yang baik dan yang jahat, manusia dapat memakan apa pun yang Allah sediakan sebanyak yang mereka inginkan. Namun, setelah Adam melanggar Firman Allah, dan makan dari pohon itu, dosa datang atas manusia dan kita menjadi manusia daging. Sejak saat itu, kita hanya dapat makan dengan kerja keras.

Ini adalah keadilan yang ditetapkan oleh Allah. Karenanya, hanya dengan kerja keras dan peluh kita dapat menerima jawaban dari Allah. Yaitu, kita harus berusaha keras dalam doa kita dengan sepenuh hati, pikiran, dan jiwa kita serta berseru dengan nyaring untuk menerima jawaban.

Yeremia 33:3 berkata, "Berserulah kepada-Ku, maka Aku akan menjawab engkau dan akan memberitahukan kepadamu hal-hal yang besar dan yang tidak terpahami, yakni hal-hal yang tidak kauketahui." Lukas 22:44 berkata, "Ia sangat ketakutan dan makin bersungguh-sungguh berdoa. Peluh-Nya menjadi seperti titik-titik darah yang bertetesan ke tanah."

Juga, di Yohanes 11, ketika Yesus membangkitkan Lazarus yang telah meninggal selama empat hari, Ia berseru dengan suara nyaring, "Lazarus, marilah keluar!" (Yohanes 11:43). Ketika Yesus mencurahkan air dan darah-Nya dan menghembuskan nafas terakhir-Nya di kayu salib, Ia berseru dengan suara nyaring, ""Ya Bapa, ke dalam tangan-Mu Kuserahkan nyawa-Ku" (Lukas 23:46).

Karena Ia datang ke dunia ini dalam bentuk manusia, bahkan Yesus yang tidak berdosa berseru dengan suara yang nyaring, sehingga sesuai dengan keadilan Allah. Lalu, bagaimana kita sebagai makhluk ciptaan Allah, hanya duduk dan berdoa dengan cara mudah tanpa berseru dengan nyaring untuk menerima jawaban atas masalah yang tidak dapat dipecahkan dengan kemampuan manusia. Karenanya, alasan kedua mengapa orang buta itu dapat menerima jawaban adalah karena ia berseru dengan suara nyaring, yang sesuai dengan keadilan Allah.

Yakub menerima berkat Allah saat ia berdoa hingga sendi pangkal pahanya terkilir (Kejadian 32:24-30). Sampai turun hujan untuk mengakhiri bencana kekeringan selama tiga-setengah-tahun, Elia berdoa begitu keras hingga bersujud dengan mukanya di antara kedua lututnya, (1 Raja-Raja 18:42-46). Kita dapat menerima jawaban dengan cepat dengan menggerakkan hati Allah ketika kita berdoa dengan segenap kekuatan, iman, dan kasih kita.

Berseru dengan nyaring dalam doa bukan berarti bahwa kita berteriak dengan suara yang mengganggu. Anda dapat membaca cara berdoa yang benar dan cara menerima jawaban Allah dalam buku, 'Berjaga-jagalah dan Berdoalah'.

Iman yang sempurna tidak akan goyah

Ada orang yang berkata, "Allah mengetahui bagian terdalam dari hatimu, jadi kamu tidak usah berseru dengan nyaring saat berdoa." Tetapi hal itu tidak benar. Orang buta itu disuruh diam, tetapi ia tetap berseru dengan nyaring.

Ia tidak menaati orang-orang yang menyuruhnya dia, tetapi ia semakin nyaring berseru menurut keadilan Allah dengan hati yang bahkan lebih bersemangat. Imannya saat ini adalah iman yang sempurna yang tidak akan berubah. Dan alasan ketiga mengapa ia menerima jawaban adalah karena ia menunjukkan imannya yang tidak berubah dalam segala keadaan. Ketika orang-orang menghardik dia, jika orang buta itu menjadi tersinggung atau menjadi diam, dia tidak akan memperoleh penglihatannya. Namun, karena ia memiliki iman yang sedemikian tegus bahwa ia akan dapat melihat begitu ia bertemu dengan Yesus, ia tak dapat melewatkan kesempatan itu walaupun orang-orang menegurnya. Itu bukanlah waktunya untuk menunjukkan harga dirinya. Atau ia tak dapat menyerah pada kesulitan apa pun. Ia terus berseru dengan sungguh-sungguh dan akhirnya menerima jawaban.

Di dalam Matius pasal 15 ada cerita tentang seorang perempuan Kanaan yang datang dengan rendah hati ke hadapan Yesus dan menerima jawaban. Ketika Yesus datang ke Tirus dan Sidon, seorang perempuan datang ke hadapan-Nya dan meminta Ia untuk mengusir setan yang merasuki anak perempuan-Nya. Apa yang saat itu dikatakan Yesus? Ia berkata, "Tidak patut mengambil roti yang disiapkan bagi anak-anak dan memberikannya kepada anjing." Anak-anak merujuk pada bangsa Israel dan perempuan Kanaan itu sebagai anjing.

Orang biasa mungkin sudah sangat tersinggung dengan perkataan seperti itu dan akan pergi. Tetapi ia berbeda. Dengan rendah hati ia meminta belas kasihan dan berkata, "Benar Tuhan, namun anjing itu makan remah-remah yang jatuh dari meja tuannya." Yesus tergerak dan kemudian berkata, "Ibu, besar imanmu, maka jadilah kepadamu seperti yang kaukehendaki." Anak perempuannya segera disembuhkan. Ia menerima jawaban karena ia membuang semua harga dirinya dan merendahkan diri sepenuhnya.

Namun, banyak orang, walaupun mereka datang ke hadapan Allah untuk menyelesaikan masalah, hanya kembali atau tidak mengandalkan Allah sepenuhnya, hanya karena perasaan mereka terluka oleh suatu hal kecil. Tetapi jika mereka memiliki iman untuk menyelesaikan segala masalah yang sulit, maka dengan kerendahan hati, mereka hanya akan terus meminta kepada Allah akan kasih karunia-Nya.

Lemparkanlah jubahmu

Ketika Yesus datang ke Yerikho saat itu, Ia mencelikkan mata seorang laki-laki buta, dan dari Markus 10:46-52, kita membaca bahwa Yesus membuka mata seorang laki-laki buta yang lain. Orang buta itu adalah Bartimeus.

Ia juga berseru dengan suara nyaring setelah mendengar bahwa Yesus sedang lewat. Yesus menyuruh orang-orang untuk membawanya, dan kita harus memperhatikan apa yang lakukan. Markus 10:50 berkata, "Lalu ia menanggalkan jubahnya, ia segera berdiri dan pergi mendapatkan Yesus." Inilah sebabnya ia tak dapat menerima jawaban: ia membuang jubahnya dan datang kepada Yesus.

Lalu apakah makna rohani yang tersembunyi dari membuang jubahnya sebagai syarat untuk menerima jawaban? Jubah pengemis itu pasti sudah kotor dan bau. Tetapi itu adalah satu-satunya harta milik si pengemis itu yang ia gunakan untuk melindungi tubuhnya. Tetapi Bartimeus memiliki hati yang baik sehingga ia tak dapat datang ke hadapan Yesus dengan jubahnya yang kotor dan bau.

Yesus yang akan ia temui adalah orang yang sedemikian kudus dan bersih. Orang buta itu tahu bahwa Yesus adalah orang yang sangat baik yang memberikan kasih karunia kepada orang-orang, menyembuhkan mereka, dan memberikan pengharapan kepada orang yang miskin dan sakit. Maka ia mendengarkan suara nuraninya bahwa ia tak dapat datang ke hadapan Yesus dengan jubahnya yang kotor dan bau. Ia menaati suara itu dan membuang jubahnya.

Hal ini terjadi sebelum Bartimaeus menerima Roh Kudus, maka ia mendengarkan suara nuraninya yang baik dan menaatinya. Maka, ia segera membuang hartanya yang paling berharga, jubahnya. Makna rohani yang lain dari jubah itu adalah hati kita yang kotor dan bau. Ini adalah hati yang dipenuhi kejahatan seperti keangkuhan, kesombongan, dan semua hal kotor lainnya.

Ini menunjukkan bahwa, untuk dapat bertemu dengan Allah yang kudus, kita harus membuang semua dosa yang kotor dan bau, yang seperti jubag kotor si pengemis. Jika Anda sungguh-sungguh ingin menerima jawaban, Anda harus mendengarkan suara Roh Kudus ketika Roh Kudus mengingatkanmu akan dosa-dosamu yang lalu. Dan Anda harus bertobat dari semua itu. Kamu harus taat tanpa keraguan terhadap apa yang diperintahkan oleh suara Roh Kudus kepada Anda - seperti yang dilakukan oleh Bartimeus si orang buta itu.

Allah mendengar pengakuan iman

Yesus akhirnya menjawab orang buta ini yang meminta dengan keyakinan iman yang penuh. Yesus bertanya kepadanya, "Apa yang kaukehendaki supaya Aku perbuat bagimu?" Tidakkah Yesus tahu apa yang diinginkan orang buta ini? Tentu saja, Dia tahu, tetapi alasannya mengapa Yesus masih bertanya adalah karena harus ada pengakuan iman. Ini merupakan keadilan Allah bahwa kita harus membuat pengakuan iman dengan bibir kita untuk dapat menerima jawaban yang nyata.

Yesus bertanya kepada orang buta itu, "Apa yang kaukehendaki supaya Aku perbuat bagimu?" karena ia telah memenuhi syarat untuk dapat menerima jawaban. Saat ia menjawab, "Tuhan, aku ingin dapat melihat kembali!"

permintaannya dikabulkan. Demikian juga, hanya jika kita memenuhi syarat menurut keadilan Allah, kita dapat menerima apa pun yang kita inginkan.

Apakah kamu tahu tentang cerita lampu ajaib Aladin? Misalnya, kamu menggosok lampu itu tiga kali, ada raksasa yang akan keluar dari lampu itu dan mengabulkan tiga keinginan kamu. Walaupun ini hanya cerita karangan manusia, tetapi memiliki jauh lebih banyak kunci jawaban yang lebih ajaib dan penuh kuasa. Dalam Yohanes 15:7 Yesus berkata, "Jikalau kamu tinggal di dalam Aku dan firman-Ku tinggal di dalam kamu, mintalah apa saja yang kamu kehendaki, dan kamu akan menerimanya."

Apakah Anda percaya pada kuasa Allah Bapa mahakuasa? Maka, Anda dapat tinggal dalam Tuhan dan biarkan firman tinggal dalam Anda. Saya berharap Anda akan menjadi satu dengan Tuhan melalui iman dan ketaatan, sehingga Anda akan dapat menyatakan segala kerinduan Anda dengan berani dan menerimanya saat suara mula-mula diucapkan.

Ibu Akiyo Hirouchi (Maizuru, Japan)

Cacat atrial septal cucu perempuan saya disembuhkan.

Di awal tahun 2005, ada anak perempuan kembar dilahirkan dalam keluarga kami. Tetapi setelah sekitar 3 bulan, anak kembar yang kedua mengalami kesulitan bernafas. Ia didiagnosis dengan cacat atrial septal dan ada lubang 4,5-mm di jantungnya. Ia tak dapat mengangkat kepalanya dan tidak dapat menyusu. Susu harus diberikan melalui hidungnya dengan selang.
Situasinya sangat kritis dan seorang dokter anak dari rumah sakit Universitas Tokyo datang jauh-jauh ke rumah sakit daerah Maizuru. Tubuh bayi itu terlalu lemah untuk ditransfer ke rumah sakit universitas yang cukup jauh jaraknya. Maka ia hanya dapat menerima perawatan di rumah sakit daerah.
Pendeta Keontae Kim dari Gereja Manmin Osaka & Maizuru berdoa untuknya dengan sapu tangan yang telah didoakan oleh Pdt. Jaerock Lee. Dia juga mengirim permintaan doa ke gereja pusat di Seoul

dengan foto si bayi.

Saya tidak sedang dalam keadaan yang dapat menghadiri kebaktian penyembahan di internet, maka kami merekam kebaktian Jumat semalaman dari Gereja Pusat Manmin pada 10 Juni 2005, dan kemudian seisi keluarga bersama-sama menerima doa dari Pdt. Lee.

"Allah Bapa, sembuhkanlah dia melintasi ruang dan waktu. Tumpangkan tangan-Mu pada Miki Yuna, cucu dari Hirouchi Akiyo di Jepang. Cacat atrial septal, enyahlah! Biar api Roh Kudus membakarmu dan jadilah sehat!"

Keesokan harinya pada 11 Juni, terjadi peristiwa ajaib. Bayi itu yang sebelumnya tak dapat bernafas sendiri, menjadi membaik dan mereka dapat melepaskan respiratornya.

"Sungguh suatu keajaiban bayinya dapat pulih secepat ini!" Para dokter merasa tercengang.

Sejak saat itu, sang bayi tumbuh dengan sangat sehat. Beratnya dulu cuma 2,4 kg tetapi dalam waktu dua bulan sejak didoakan, beratnya menjadi 5 kg! Suaranya saat menangis juga menjadi lebih kuat. Setelah melihat sendiri mukijizat ini, saya mendaftar di Gereja Pusat Manmin pada bulan Agustus 2005. Saya menyadari bahwa Ia menganugerahkan pekerjaan penyembuhan ilahi karena Ia tahu bahwa saya akan percaya kepada-Nya lewat mukjizat itu.

Melalui kasih karunia ini, saya bekerja dengan penuh pengabdian untuk mendirikan gereja Manmin di Maizuru. Tiga tahun setelah pembukaan, jemaat gereja da saya mempersembahkan kepada Allah untuk membeli bait yang indah.

Kini saya banyak melakukan pekerjaan sukarela bagi kerajaan Allah. Saya bersyukur, bukan hanya untuk kasih karunia kesembuhan atas cucu perempuan saya, tetapi juga untuk kasih karunia Allah yang menuntun saya pada hidup sejati.

- Ekstrak dari Hal-Hal Luar Biasa -

"Jadilah kepadamu seperti yang engkau percaya"

Bab 9

> Suara mula-mula yang keluar
> dari mulut Yesus
> melintasi bumi
> dan mencapai ke ujung dunia,
> dan dengan demikian memanifestasikan kuasa-Nya
> melintasi ruang dan waktu.

Semua makhluk menaati suara mula-mula

Manusia jadi tidak dapat mendengar suara mula-mula

Alasan mengapa mereka tidak memperoleh jawaban

Perwira itu memiliki hati yang baik

Perwira itu mengalami mukjizat yang melintasi ruang dan waktu

Pekerjaan penuh kuasa akan melampaui ruang dan waktu

"Lalu Yesus berkata kepada perwira itu, 'Pulanglah dan jadilah kepadamu seperti yang engkau percaya.' Maka pada saat itu juga sembuhlah hambanya."

(Matius 8:13)

Ketika mereka mengalami kepedihan atau dalam kesulitan yang sepertinya tidak memiliki jalan keluar, banyak orang yang merasa bahwa Allah jauh dari mereka atau memalingkan wajah-Nya dari mereka. Sebagian dari mereka bahkan ada yang menjadi ragu dan berpikir, 'Apakah Allah bahkan tahu bahwa aku ada di sini?" atau 'Apakah Allah mendengarkan doa-doaku ketika aku berdoa?' Ini karena mereka tidak memiliki cukup iman kepada Allah yang mahakuasa dan mahamengetahui.

Daud telah mengalami begitu banyak kesukaran dalam hidupnya, namun ia tetap mengaku, "Jika aku mendaki ke langit, Engkau di sana; jika aku menaruh tempat tidurku di dunia orang mati, di situpun Engkau. Jika aku terbang dengan sayap fajar, dan membuat kediaman di ujung laut, juga di sana tangan-Mu akan menuntun aku, dan tangan kanan-Mu memegang aku." (Mazmur 139:8-10).

Karena Allah memerintah seluruh alam semesta dan segala sesuatu di dalamnya melampaui ruang dan waktu, jarak fisik yang dirasakan manusia tidak ada artinya bagi Allah sama sekali.

Yesaya 57:19 berkata, "'Aku akan menciptakan puji-pujian. Damai, damai sejahtera bagi mereka yang jauh dan bagi mereka yang dekat,' firman TUHAN, 'Aku akan menyembuhkan dia!'" (NKJV). Di sini, 'Aku akan menciptakan puji-pujian' berarti firman yang diberikan oleh Allah pasti akan dipenuhi,

Yesaya 55:11 juga berkata, "Demikianlah firman-Ku yang keluar dari mulut-Ku: ia tidak akan kembali kepada-Ku dengan sia-sia, tetapi ia akan melaksanakan apa yang Kukehendaki, dan akan berhasil dalam apa yang Kusuruhkan kepadanya."

Semua makhluk menaati suara mula-mula

Allah sang pencipta menciptakan langit dan bumi dengan suara mula-mula-Nya. Dengan demikian, semua yang diciptakan oleh suara mula-mula menaati suara mula-mula walaupun mereka bukanlah makhluk hidup. Misalnya, kini kita memiliki perangkat pengenalan-suara yang hanya merespons suara tertentu. Dengan cara yang sama, suara mula-mula ditanamkan pada benda-benda di alam semesta, sehingga mereka akan taat ketika suara mula-mula diucapkan.

Yesus, yang adalah Allah, menyuarakan suara mula-mula juga. Markus 4:39 berkata, "Ia pun bangun, menghardik angin itu dan berkata kepada danau itu, 'Diam! Tenanglah!' Lalu angin itu reda dan laut itu menjadi teduh sekali". Bahkan laut dan angin yang tidak memiliki telinga ataupun kehidupan menaati suara mula-mula. Lalu, apa yang harus dilakukan oleh manusia yang memiliki telinga dan akal? Tentu saja kita harus taat. Lalu, mengapa manusia tidak taat?

Sebagai contohnya pada alat pengenalan suara, anggap saja ada seratus alat seperti ini. Pemiliknya akan memasang mesinnya untuk bekerja ketika mereka mendengar suara yang mengatakan, "Ya." Tetapi ada orang yang mengubah setting pada 40 mesin. Ia memasang 40 mesin untuk bekerja ketika mendengar suara, "Tidak." Maka, ke-40 mesin ini tidak akan pernah bekerja ketika pemiliknya berkata, "Ya." Dengan cara yang sama, sejak Adam berdosa, manusia jadi tidak dapat mendengar suara mula-mula.

Manusia jadi tidak dapat mendengar suara mula-mula

Adam sebenarnya diciptakan sebagai roh yang hidup, dan mendengarkan serta taat pada Firman Allah saja, yaitu kebenaran. Allah Bapa mengajar Adam hanya pengetahuan rohani, yang merupakan firman kebenaran, tetapi karena Allah memberi Adam kehendak bebas, terserah kepada Adam untuk memutuskan apakah ia akan menaati kebenaran atau tidak. Allah tidak menginginkan anak yang seperti robot yang selalu taat tanpa syarat.

Ia menginginkan anak-anak yang akan dengan sukarela menaati Firman-Nya dan mengasihi-Nya dengan hati sejati. Namun, setelah lama, Adam tergoda oleh Iblis dan ia melanggar Firman Allah.

Roma 6:16 berkata, "Apakah kamu tidak tahu, bahwa apabila kamu menyerahkan dirimu kepada seseorang sebagai hamba untuk mentaatinya, kamu adalah hamba orang itu, yang harus kamu taati, baik dalam dosa yang memimpin kamu kepada kematian, maupun dalam ketaatan yang memimpin kamu kepada kebenaran?" Seperti yang dikatakan, keturunan Anda menjadi hamba dosa dan setan dan Iblis, akibat ketidaktaatannya.

Mereka kini ditakdirkan untuk berpikir, berbicara, dan bertindak seperti yang dihasutkan Iblis kepada mereka, dan mereka kemudian menambah dosa demi dosa hingga akhirnya masuk ke dalam maut. Namun, Yesus datang ke duni ini dalam rencana Allah. Ia mati sebagai penebus semua pendosa, dan Ia dibangkitkan.

Karena inilah, Roma 8:2 berkata, "Roh, yang memberi hidup telah memerdekakan kamu dalam Kristus dari hukum dosa dan hukum maut." Seperti tertulis, siapa yang percaya kepada Yesus Kristus di dalam hatinya dan berjalan di dalam Terang tidak lagi menjadi hamba dosa.

Itu artinya mereka telah dapat mendengar suara mula-mula Allah melalui iman mereka kepada Yesus Kristus. Karenanya, orang-orang yang mendengarnya dan menaatinya dapat menerima jawaban atas apa pun yang mereka minta.

Alasan mengapa mereka tidak memperoleh jawaban

Nah, mungkin ada orang yang bertanya, "Saya percaya kepada Yesus Kristus, dan dosa-dosa saya telah diampuni, lalu mengapa saya belum disembuhkan?" Kemudian, saya ingin mengajukan pertanyaan ini kepada Anda: Hingga sejauh manakah Anda menaati Firman Allah di Alkitab?

Saat Anda mengakui bahwa Anda percaya kepada Allah, apakah Anda tidak mengasihi dunia, tidak mencurangi orang lain, atau tidak melakukan hal-hal jahat sama seperti orang dunia? Saya ingin Anda memeriksa apakah Anda selalu menjaga kekudusan hari Minggu, memberikan perpuluhan yang baik, dan menaati semua perintah Allah yang memberi tahu kita apa yang harus dilakukan, apa yang tidak boleh dilakukan, apa yang harus dipelihara, dan mana yang harus dibuang.

Jika Anda dengan yakin dapat menjawab ya untuk semua

pertanyaan di atas, maka Anda akan menerima jawaban untuk apa pun yang Anda minta. Bahkan walaupun jawabannya itu ditunda, Anda hanya akan mengucap syukur dari dalam hati Anda dan mengandalkan Allah tanpa goyah. Jika Anda menunjukkan iman dengan cara ini, Allah tidak akan ragu untuk memberikan jawabannya Ia akan mengucapkan suara mula-mula dan berkata, "Jadilah kepadamu seperti yang engkau percaya," dan akan terjadi sesuai dengan iman Anda.

Perwira itu memiliki hati yang baik

Dalam Matius pasal 8, ada cerita tentang perwira Romawi yang menerima jawaban melalui iman. Ketika ia datang kepada Yesus, penyakit hambanya disembuhkan melalui suara mula-mula yang diucapkan oleh Yesus.

Pada masa itu, Israel sedang dijajah Kekaisaran Romawi. Ada komandan seribu, komandan seratus, komandan lima puluh, dan komandan sepuluh dalam pasukan Romawi. Nama jabatan mereka disesuaikan dengan jumlah prajurit yang mereka komandoi. Salah satu dari mereka yang mengepalai seratus prajurit, seorang Perwira, berada di Kapernaum, Israel. Ia mendengar kabar tentang Yesus bahwa Ia mengajar tentang kasih, kebaikan, dan belas kasihan.

Yesus mengajarkan dalam Matius 5:38-39 " Kamu telah mendengar firman, 'Mata ganti mata dan gigi ganti gigi.' Tetapi Aku berkata kepadamu: Janganlah kamu melawan orang yang berbuat jahat kepadamu, melainkan siapapun yang menampar pipi kananmu, berilah juga kepadanya pipi kirimu."

Ia juga berkata dalam Matius 5:43-44, "Y Kamu telah mendengar firman, 'Kasihilah sesamamu manusia dan bencilah musuhmu.' Tetapi Aku berkata kepadamu, Kasihilah musuhmu dan berdoalah bagi mereka yang menganiaya kamu." Mereka yang hatinya baik akan tergerak ketika mereka mendengarkan kata-kata kebaikan seperti ini.

Tetapi si perwira juga mendengar bahwa Yesus tidak hanya mengajarkan kebaikan tetapi juga melakukan tanda-tanda dan keajaiban yang tidak dapat dilakukan dengan kemampuan manusia. Kabar tentang orang penderita kusta, yang dianggap terkena kutuk, disembuhkan, orang buta jadi dapat melihat, orang bisu dapat berbicara, dan orang tulis jadi dapat mendengar. Terlebih lagi, orang lumpuh dapat berjalan dan melompat, dan orang cacat juga berjalan. Dan perwira itu memercayai semua perkataan itu apa adanya.

Tetapi orang-orang lain menanggapi berita tentang Yesus dengan berbeda. Ketika mereka melihat pekerjaan Allah, orang jenis pertama ini tidak memiliki pengertian. Hanya karena kerangka pemikiran iman mereka yang egois mereka sangat kuat, alih-alih menerima dan percaya, mereka malah menghakimi dan menghujat.

Orang Farisi dan ahli-ahli Taurat, yang memiliki hak, adalah jenis orang seperti ini. Dalam Matius 12:24 tertulis bahwa mereka bahkan membicarakan Yesus dengan berkata, "Dengan Beelzebul, penghulu setan, Ia mengusir setan.'" Mereka mengucapkan kata-kata jahat dengan ketidaktahuan rohani mereka.

Orang jenis kedua memercayai Yesus sebagai salah satu nabi besar dan mengikut Dia. Misalnya, ketika Yesus membangkitkan seorang anak muda dari kematian, dikatakan bahwa, "Semua orang itu ketakutan dan mereka memuliakan Allah, sambil berkata: 'Seorang nabi besar telah muncul di tengah-tengah kita!' dan, 'Allah telah melawat umat-Nya.'" (Lukas 7:16)

Nah, yang ketiga, ada orang-orang yang menyadari dalam hati mereka bahwa Yesus adalah Anak Allah yang datang ke bumi ini untuk menjadi Juru Selamat bagi semua manusia. Ada seorang laki-laki yang buta dari lahir, tetapi matanya terbuka ketika ia bertemu Yesus. Ia berkata, "Dari dahulu sampai sekarang tidak pernah terdengar, bahwa ada orang yang memelekkan mata orang yang lahir buta. Jikalau orang itu tidak datang dari Allah, Ia tidak dapat berbuat apa-apa" (Yohanes 9:32-33).

Ia menyadari bahwa Yesus datang sebagai Juru Selamat. Ia mengaku, "Tuhan, aku percaya," dan ia menyembah Yesus.

Demikian juga, orang-orang yang memiliki hati yang baik yang dapat mengenali sesuatu yang baik dapat menyadari bahwa Yesus adalah Anak Allah hanya dengan melihat apa yang dilakukan Yesus. Dalam Yohanes 14:11 Yesus berkata, "Percayalah kepada-Ku, bahwa Aku di dalam Bapa dan Bapa di dalam Aku; atau setidak-tidaknya, percayalah karena pekerjaan-pekerjaan itu sendiri." Jika Anda hidup di masa Yesus, orang jenis manakah Anda?

Sang perwira adalah jenis orang yang ketiga. Ia percaya tentang kabar mengenai Yesus dan ia datang ke hadapan-Nya.

Perwira itu mengalami mukjizat yang melintasi ruang dan waktu

Apa alasan mengapa perwira itu menerima jawaban yang diinginkannya segera setelah ia mendengar Yesus berkata, "Jadilah kepadamu seperti yang engkau percaya"?

Kita dapat melihat bahwa perwira itu memercayai Yesus dalam hatinya. Ia dapat menaati apa pun yang akan disuruh Yesus kepadanya. Tetapi hal yang paling penting tentang perwira ini adalah bahwa ia datang ke hadapan Yesus dengan kasih sejati bagi jiwa-jiwa.

Matius 8:6 berkata, "Tuan, hambaku terbaring di rumah karena sakit lumpuh dan ia sangat menderita." Perwira itu datang ke hadapan Yesus dan meminta ini bukan untuk dirinya sendiri, kerabatnya, atau bahkan anak-anaknya, melainkan untuk hambanya. Ia mengambil sakit hambanya seperti sakitnya sendiri dan datang ke hadapan Yesus, dan bagaimana bisa Yesus tidak tergerak oleh hatinya yang baik?

Kelumpuhan adalah kondisi berat yang tidak dapat dengan mudah disembuhkan dengan keahlian medis terbaik sekalipun. Orang yang lumpuh tidak dapat menggerakkan tangan dan kakinya dengan bebas, maka ia perlu bantuan orang lain. Juga, ada kasus-kasus di mana orang lumpuh harus dibantu orang lain untuk mandi, makan, atau mengganti baju.

Jika penyakit itu terus mendera, akan sangat sulit untuk

menemukan orang yang dapat merawat si orang sakit dengan tidak berubah kasih dan belas kasihannya, sama seperti pepatah lama Korea yang mengatakan, "Tidak ada anak yang mengabdi dalam sakit yang panjang". Tidak banyak orang yang dapat mengasihi anggota keluarga mereka seperti mengasihi dirinya sendiri.

Namun, kadang-kadang ketika seluruh keluarga sungguh-sungguh berdoa bagi mereka dengan kasih, kita dapat melihat orang-orang yang melampaui batas kehidupan disembuhkan atau menerima jawaban atas persoalan yang sangat sulit. Doa dan tindakan kasih mereka menggerakkan hati Allah Bapa dengan luar biasa sehingga Allah menunjukkan kepada mereka kasih yang melampaui keadilan.

Perwira itu percaya sepenuhnya kepada Yesus bahwa Ia dapat menyembuhkan hambanya yang lumpuh. Ia meminta kepada Yesus dan menerima jawabannya.

Alasan kedua bahwa perwira itu dapat menerima jawaban adalah karena ia menunjukkan iman yang sempurna dan kerelaan untuk taat kepada Yesus sepenuhnya.

Yesus melihat bahwa perwira itu sangat mengasihi hambanya seperti dirinya sendiri dan berkata kepadanya, "Aku akan datang menyembuhkannya." Tetapi perwira itu berkata dalam Matius 8:8, "Tuan, aku tidak layak menerima Tuan di dalam rumahku, katakan saja sepatah kata, maka hambaku itu akan sembuh."

Bagi kebanyakan orang, mereka akan sangat senang kalau Yesus datang ke rumah mereka. Tetapi bagi perwira itu, ia dengan tegas berkata seperti itu karena ia memiliki iman sejati.

Itu karena ia memiliki jenis sikap yang taat pada apa pun yang akan dikatakan Yesus. Kita dapat melihat dari perkataannya dalam Matius 8:9 yang berkata "Sebab aku sendiri seorang bawahan, dan di bawahku ada pula prajurit. Jika aku berkata kepada salah seorang prajurit itu, 'Pergi!' maka ia pergi, dan kepada seorang lagi, 'Datang!' maka ia datang, ataupun kepada hambaku, 'Kerjakanlah ini!' maka ia mengerjakannya." Setelah Yesus mendengar hal itu, heranlah Ia dan berkata kepada mereka yang mengikuti-Nya: "Aku berkata kepadamu, sesungguhnya iman sebesar ini tidak pernah Aku jumpai pada seorangpun di antara orang Israel."

Sama juga halnya, jika Anda melakukan apa yang Allah perintahkan, tidak melakukan apa yang Allah larang, memelihara yang Allah suruh kita pelihara, dan membuang apa yang Allah suruh agar kita buang, maka Anda dapat dengan percaya diri meminta apa pun di hadapan Allah. Itu karena 1 Yohanes 3:21-22 berkata, "Saudara-saudaraku yang kekasih, jikalau hati kita tidak menuduh kita, maka kita mempunyai keberanian percaya untuk mendekati Allah, dan apa saja yang kita minta, kita memperolehnya dari pada-Nya, karena kita menuruti segala perintah-Nya dan berbuat apa yang berkenan kepada-Nya."

Perwira itu memiliki iman yang sempurna akan kuasa Yesus yang dapat menyembuhkan hanya dengan Firman-Nya. Walaupun ia adalah perwira di Kekaisaran Romawi, ia merendahkan dirinya sendiri dan bersedia taat kepada Yesus sepenuhnya. Karena inilah, ia menerima jawaban atas kerinduannya.

Dalam Matius 8:13, Yesus berkata kepada perwira itu, Pulanglah dan jadilah kepadamu seperti yang engkau percaya," Maka pada saat itu juga sembuhlah hambanya. Ketika Yesus berbicara dengan suara mula-mula, jawaban yang diberikan melampaui ruang dan waktu, sama seperti yang diimani oleh si perwira.

Pekerjaan penuh kuasa akan melampaui ruang dan waktu

Mazmur 19:4 berkata, "...tetapi gema mereka terpencar ke seluruh dunia, dan perkataan mereka sampai ke ujung bumi..." (NRSV) Seperti yang dikatakan, suara mula-mula yang keluar dari bibir Yesus dapat menjangkau ujung dunia, dan kuasa Allah dimanifestasikan melampaui ruang terlepad dari jarak fisik.

Juga, begitu suara mula-mula itu diucapkan, ia akan melintasi waktu. Karenanya, bahkan setelah beberapa lama, firman itu akan dipenuhi begitu bejana kita siap untuk menerima jawaban.

Begitu banyak kuasa pekerjaan kuasa Allah yang melampaui

ruang dan waktu terjadi di gereja ini. Pada tahun 1999, ada seorang saudari seiman, seorang gadis Pakistan yang datang kepada saya membawa foto saudara perempuannya yang bernama Cynthia. Pada saat itu, Cynthia sedang sekarat akibat penyempitan usus besar dan juga penyakit Celiac.

Dokter mengatakan bahwa kecil kemungkinannya untuk selamat meskipun menjalani operasi. Dalam keadaan ini, kakak Cynthia datang kepada saya dengan foto adiknya ini untuk menerima doa saya. Dari saat saya mendoakan Cynthia, ia dengan sangat cepat menjadi sembuh.

Pada Oktober 2003, istri dari asisten pendeta di gereja kami datang untuk menerima doa saya atas foto adik laki-lakinya. Adiknya mengalami masalah dengan jumlah platelet darah yang menurun. Ada darah di urine, kotoran, mata, hidung, dan mulutnya. Darahnya juga masuk ke paru-paru dan ususnya. Ia hanya tinggal menunggu kematian. Tetapi ketika saya berdoa dengan tangan saya menjamah fotonya, jumlah platelet darahnya naik, dan ia segera sembuh.

Pekerjaan-pekerjaan yang melampaui ruang dan waktu ini banyak terjadi ketika kebaktian penginjilan Rusia diadakan di St. Petersburg pada bulan November 2003. Kebaktian tersebut disiarkan melalui 12 satelit ke lebih dari 150 negara di seluruh Rusia, Eropa, Asia, Amerika Utara, dan Amerika Latin. Siaran tersebut termasuk India, Filipina, Australia, dan Amerika Serikat, Honduras, dan Peru. Juga kebaktian layar simultan diadakan di 4 kota di Rusia dan Kiev, Ukraina.

Apakah orang datang ke kebaktian di layar atau menontonnya di TV di rumah, orang-orang yang mendengarkan khotbahnya dan menerima didoakan dengan iman menerima penyembuhan pada waktu sama dan mengirim kami kesaksian melalui email dan seterusnya. Walaupun mereka tidak berada di ruang jasmani yang sama ketika suara mula-mula diucapkan, suara itu akan bekerja pada mereka juga karena mereka bersama di ruang rohani yang sama.

Jika saja Anda memiliki iman sejati dan kerelaan untuk menaati Firman Allah, tunjukkan tindakan kasih Anda yang sejati seperti si perwira, dan percayalah pada kuasa Allah yang bekerja melintasi ruang dan waktu, Anda dapat menjalani hidup yang diberkati, menerima jawaban atas apa pun yang Anda minta.

Dalam Kebaktian Kebangunan Rohani Spesial Dua-Minggu Berturut-turut, yang diadakan selama 12 tahun dari 1993 hingga 2004, banyak orang disembuhkan dari berbagai jenis penyakit dan menerima solusi atas banyak persoalan hidup. Banyak juga yang dituntun masuk ke jalan keselamatan. Namun, Allah membuat kami menghentikan semua kebaktian kebangunan rohani ini setelah kebaktian kebangunan rohani tahun 2004. Itu untuk lompatan ke depan yang bahkan lebih besar.

Allah membuat saya memulai pelajaran rohani baru dan mulai menjelaskan kepada saya tentang berbagai dimensi berbeda dari alam rohani. Pada mulanya saya tak dapat mengerti apa maksudnya. Ada istilah-istilah yang sepenuhnya baru bagi saya. Tetapi saya tetap taat dan mulai mempelajarinya karena saya percaya bahwa suatu saat nanti saya akan mengerti.

Sekitar 30 tahun lalu, saya menerima kuasa Allah lewat begitu banyak doa dan puasa yang saya persembahkan sejak saya menjadi pendeta. Saya harus bergumul dengan panas dan dingin yang teramat sangat selama berpuasa kepada Allah 10, 21, dan 40 hari.

Tetapi pelajaran rohani yang Allah berikan kepada saya adalah pelatihan yang rasa sakitnya tidak dapat dibandingkan dengan semua upaya puasa saya itu. Saya harus mencoba memahami hal-hal yang belum pernah saya dengar sebelumnya, dan saya harus berdoa seperti Yakub di Sungai Yabok sampai saya dapat memahami itu semua.

Terlebih lagi, saya juga harus mengalami berbagai masalah fisik dengan tubuh saya. Sama seperti astronot yang harus dilatih dengan sangat baik untuk dapat beradaptasi dengan kehidupan di luar angkasa, ada hal-hal berbeda yang terjadi pada tubuh saya sampai saya mencapai dimensi yang Allah ingin agar saya capai.

Tetapi saya mengatasi semuanya dengan kasih dan iman saya

kepada Allah, dan segera saya memperoleh pengetahuan rohani tentang asal mula Allah Bapa, dan hukum kasih dan keadilan, serta banyak hal lainnya. Selain itu, semakin dekat saya ke dimensi yang Allah ingin agar saya capai, pekerjaan penuh kuasa terjadi dengan semakin meningkat. Kecepatan jemaat gereja menerima berkat menjadi semakin cepat, demikian juga dengan kecepatan terjadinya penyembuhan rohani. Jumlah kesaksian semakin meningkat dari hari ke hari.

Allah ingin memenuhi rencana pemeliharaan-Nya di akhir zaman dengan kuasa tertinggi dan terhebat yang dapat dibayangkan manusia. Karena inilah Ia memberikan kuasa ini, sehingga Bait Agung (Grand Sanctuary) akan dibangun sebagai bahtera keselamatan yang akan menyatakan kemuliaan Allah, dan injil akan dibawa kembali ke Israel.

Sangatlah sulit untuk mengabarkan injil di Israel. Mereka tidak mengizinkan ada perkumpulan Kristen di sana. Ini hanya dapat dilakukan oleh kuasa hebat Allah yang dapat mengguncangkan dunia, dan ini adalah kewajiban yang diberikan kepada gereja kita untuk mengabarkan injil di Israel.

Saya hanya berharap bahwa Anda akan menyadari bahwa waktunya sudah sangat dekat bagi Allah untuk menyelesaikan rencana akhir zaman-Nya, cobalah untuk menghiasi diri Anda sebagai mempelai Tuhan, dan buatlah segala sesuatunya baik, saat jiwa Anda menjadi sejahtera,

Contoh-Contoh dari Alkitab - 3

Kuasa Allah yang Memenuhi Langit Keempat

Langit keempat adalah ruang yang eksklusif hanya bagi Allah mula-mula. Ini adalah tempat bagi Allah Trinitas dan segala sesuatu adalah mungkin di sini. Segala sesuatu diciptakan dari ketiadaan. Saat Allah menginginkan sesuatu di hatinya maka itu akan terjadi. Bahkan benda padat dapat dengan bebas berubah menjadi cair atau gas. Ruang yang memiliki sifat demikian disebut 'ruang dimensi keempat'.

Pekerjaan yang menggunakan ruang rohani dimensi keempat ini meliputi pekerjaan penciptaan, mengendalikan hidup dan mati, menyembuhkan serta berbagai pekerjaan lain yang melintasi ruang dan waktu. Kuasa Allah yang memiliki langit keempat dimanifestasikan kini seperti kemarin.

1. Pekerjaan Penciptaan

Pekerjaan penciptaan adalah menciptakan sesuatu yang belum pernah ada sebelumnya. Itulah pekerjaan penciptaan ketika Allah menciptakan langit dan bumi dan segala isinya pada permulaan waktu hanya dengan Firman-Nya. Allah dapat menunjukkan pekerjaan penciptaan karena Ia memiliki langit keempat.

Pekerjaan penciptaan dimanifestasikan oleh Yesus

Mengubah air menjadi anggur, dalam Yohanes pasal 2, adalah pekerjaan penciptaan. Yesus diundang ke suatu jamuan kawin, dan tuan rumah kehabisan anggur.

Maria merasa sangat kasihan saat mengetahui keadaan ini dan meminta Yesus untuk membantu. Yesus mula-mula menolak, tetapi Maria tetap memiliki iman. Ia percaya bahwa Yesus akan membantu tuan rumah pesta kawin itu.

Yesus mempertimbangkan iman sempurna Maria dan menyuruh pada pelayan untuk mengisi bejana air dengan air dan membawanya kepada juru pesta. Ia tidak mendoakan atau memerintahkan air itu untuk berubah menjadi anggur. Ia hanya menginginkan di dalam hati-Nya, dan air di dalam keenam bejana itu berubah menjadi anggur bermutu tinggi dalam sekejap.

Pekerjaan penciptaan melalui Elia

Janda di Sarfat dalam 1 Raja-Raja sedang mengalami keadaan yang sangat sulit. Karena kekeringan yang sangat panjang ia kehabisan makanan dan yang tersisa hanya segenggam tepung dan sedikit minyak. Tetapi Elia meminta perempuan itu untuk memanggang sepotong roti dan memberikannya kepadanya, dengan berkata, "Sebab beginilah firman TUHAN, Allah Israel, 'Tepung dalam tempayan itu tidak akan habis dan minyak dalam buli-buli itupun tidak akan berkurang sampai pada waktu TUHAN memberi hujan ke atas muka bumi.'" (1 Raja-Raja 17:14). Janda itu menaati Elia tanpa mengajukan dalih apa pun. Sebagai akibatnya, ia dan Elia dan seisi rumahnya makan selama berhari-hari, tetapi tepung di bejana tidak pernah habis dan demikian juga buli-buli minyak tidak menjadi kosong (1 Raja-Raja 17:15-16). Di sini, segenggam tepung dan minyak di buli-buli yang tidak kunjung habis menandakan terjadinya pekerjaan penciptaan.

Pekerjaan penciptaan melalui Musa

Dalam Keluaran 15:22-23, kita mengetahui bahwa orang Israel telah menyeberangi Laut Merah dan masuk ke padang gurun. Tiga hari telah berlalu, tetapi mereka tak dapat menemukan air. Mereka menemukan air di tempat yang disebut Mara, tetapi rasanya pahit dan tidak dapat diminum. Mereka pun mulai bersungut-sungut dengan keras. Kemudian, Musa berdoa kepada Allah, dan Allah menunjukkan sebuah ranting pohon kepadanya. Saat Musa melemparnya ke air, air itu menjadi manis dan dapat diminum. Ini bukan karena ranting itu memiliki semacam unsur yang dapat menghilangkan rasa pahit dari air itu. Melainkan itu adalah Allah yang menampilkan pekerjaan penciptaan yang dimanifestasikan melalui iman dan ketaatan Musa.

Lokasi Air Manis Muan

Gereja Manmin Muan mengalami pekerjaan penciptaan

Allah masih menunjukkan kepada kita pekerjaan penciptaan di masa sekarang. Air manis Muan adalah salah satu contohnya. Pada 4 Maret 2000, saya berdoa di Seoul agar air asin di Gereja Manmin Muan dapat berubah menjadi air yang manis, dan jemaat gereja itu mengonfirmasi doa itu dijawab keesokan harinya, pada 5 Maret.

Gereja Manmin Muan dikelilingi oleh laut, dan mereka hanya memperoleh air laut dari sumur. Mereka harus mengambil air minum dari pipa 3 km jauhnya dari sana. Hal itu sangat merepotkan bagi mereka.

Jemaat Gereja Manmin Muan ingat peristiwa di Mara dalam Kitab Keluaran, dan mereka meminta saya untuk berdoa dengan iman agar air yang asin itu berubah menjadi manis. Selama doa 10 hari saya di gunung mulai dari 21 Februari, saya berdoa bagi Gereja Manmin Muan. Jemaat Gereja Manmin Muan juga berpuasa dan berdoa pada waktu yang sama.

Selama doa saya di gunung saya hanya berfokus pada doa dan Firman Allah. Upaya saya dan iman pada jemaat Gereja Manmin Muan memenuhi syarat keadilan Allah, dan pekerjaan penciptaan yang demikian luar biasa dimanifestasikan.

Dengan mata rohani, manusia dapat melihat pendar cahaya dari tahta Allah yang memancar hingga ke ujung pipa di sumur itu, sehingga ketika air laut melintasi sinar itu airnya akan berubah menjadi air manis.

Tetapi air manis Muan ini tidak hanya bisa diminum. Ketika orang meminumnya atau memakainya dengan iman, mereka menerima penyembuhan ilahi, dan jawaban-jawaban menurut iman mereka. Ada begitu banyak kesaksian mengenai pekerjaan-pekerjaan Air Manis Muan, dan banyak orang dari seluruh dunia mengunjungi sumur ini di Gereja Pusat Manmin.

Air manis Muan diuji oleh Badan Pengawas Makanan Amerika Serikat dan keamanan serta kualitasnya yang baik dikonfirmasi dalam lima kategori: faktor mineral, kandungan logam berat, residu bahan kimia, reaksi kulit, dan tingkat racun pada tikut percobaan. Mereka menemukan bahwa air manis Muan kaya mineral dan kandungan kalsiumnya tiga kali lebih tinggi daripada air mineral terkenal lainnya dari Prancis dan Jerman.

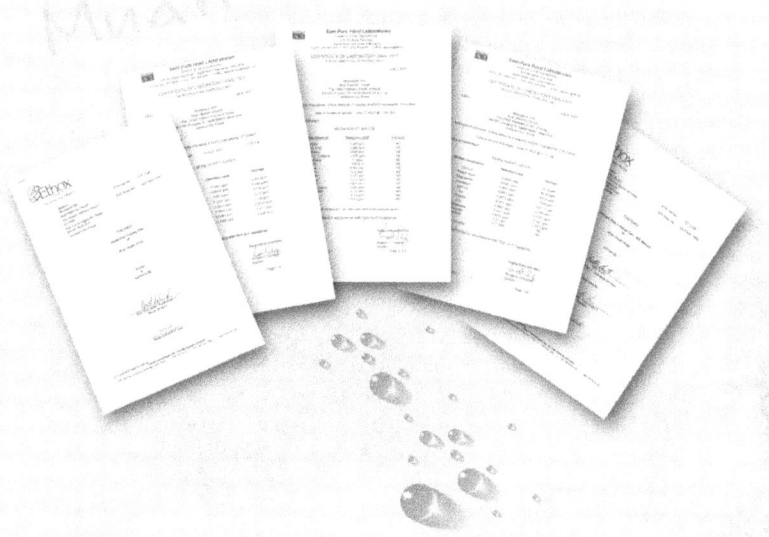

Hasil Uji FDA (Lembaga Pengawas Makanan)

2. Mengendalikan Hidup

Dalam ruang langit keempat, yang memiliki sifat dari langit keempat, sesuatu yang sudah mati dapat diberikan kehidupan, atau sesuatu yang hidup juga dapat dibuat mati. Ini berlaku bagi segala sesuatu yang memiliki nyawa, baik itu tanaman atau hewan. Itulah yang terjadi dengan tongkat Harun yang bertunas. Tongkat itu dilingkupi oleh ruang dimensi keempat. Maka, dalam waktu satu hari tongkat yang kering itu bertunas dan mengeluarkan bunga, dan menghasilkan buah almond matang. Dalam Matius 21:19, Yesus berkata kepada pohon ara yang tidak berbuah, "Engkau tidak akan berbuah lagi selama-lamanya!" Seketika itu juga keringlah pohon ara itu. Ini juga dilakukan karena ruang dimensi keempat menutupinya. Dalam Yohanes 11, kita membaca tentang ketiga Yesus membangkitkan Lazarus yang telah mati selama 4 hari dan kita mencium kecurangan. Dalam kasus Lazarus, bukan hanya jiwanya yang harus kembali, tetapi juga tubuhnya yang telah mulai membusuk harus diperbarui sepenuhnya. Hal itu adalah mustahil secara fisik, tetapi tubuhnya dapat bangkit segera dalam ruang dunia keempat.

Di Gereja Manmin Pusat, ada seorang saudara seiman yang bernama Keonwi Park telah kehilangan penglihatan di salah satu matanya sepenuhnya. Ia menjalani operasi katarak pada saat umurnya tiga tahun. Terjadi komplikasi dan ia mengalami uveitis serius dan retinanya terlepas. Jika retina lepas, manusia tak dapat melihat dengan baik. Selain itu, ia juga menderita phtisis bulbi, yaitu penyusutan bola mata. Akhirnya pada tahun 2006 ia kehilangan penglihatan sepenuhnya pada mata kirinya.
Tetapi pada bulan Juli 2007, ia memperoleh penglihatannya kembali melalui doa saya. Mata kirinya dulu bahkan tidak dapat merasakan cahaya tetapi kini ia dapat melihat. Bola matanya yang menyusut juga kembali ke ukuran aslinya.
Penglihatan di mata kanannya juga dulu buruk, 0,1 dalam skala, tetapi membaik jadi 0,9. Kesaksiannya disampaikan dengan semua dokumen medis dan rumah sakit di Konferensi Dokter Medis Kristen Internasional ke-5 yang diadakan di Norwegia. Konferensi itu dihadiri oleh 220 profesional kedokteran dari 41 negara. Kasus itu dipilih sebagai kasus paling menarik dari antara banyak kasus lainnya yang dihadirkan.

Hal yang sama dapat terjadi pada bagian jaringan tubuh atau syaraf lainnya. walaupun syaraf atau sel telah mati, mereka dapat dibuat menjadi normal kembali jika ruang dimensi keempat melingkupinya.

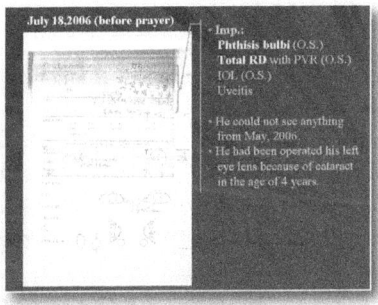
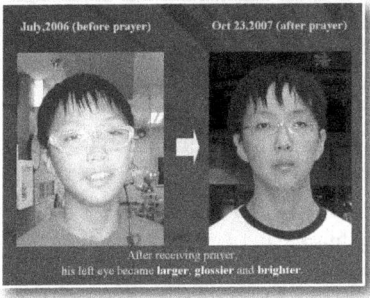

Kasus Keonwi Park ditampilkan dalam Konferensi WCDN ke-5

Cacat fisik juga dapat dipulihkan dalam ruang dimensi keempat. Penyakit-penyakit lainnya yang diakibatkan oleh kuman atau virus seperti AIDS, tuberculosis, pilek, atau demam dapat disembuhkan di dalam ruang dimensi keempat.
Pada kasus-kasus demikian, api Roh Kudus turun dan membakar kuman atau virus tersebut. Dan jaringan yang rusak akan pulih di ruang langit keempat, dan itu adalah kesembuhan yang lengkap. Bahkan bagi masalah kesuburan, jika organ atau bagian tubuh yang memiliki masalah itu diperbaiki di ruang dimensi keempat, maka orang tersebut bisa memiliki anak. Agar kita dapat disembuhkan dari penyakit atau kelemahan oleh kuasa Allah di ruang dimensi keempat, kita harus memenuhi syarat keadilan Allah.

3. Pekerjaan yang Melampaui Ruang dan Waktu

Pekerjaan penuh kuasa yang terjadi di ruang dimensi keempat dimanifestasikan melampaui ruang dan waktu. Ini karena ruang dimensi keempat memiliki dan melampaui semua ruang di dimensi lainnya. Mazmur 19:4 berkata, "...tetapi gema mereka terpencar ke seluruh dunia, dan perkataan mereka sampai ke ujung bumi..." (NRSV) Itu berarti bahwa firman Allah yang tinggal di langit keempat akan mencapai ujung-ujung bumi.

Bahkan dua titik yang sangat jauh dari langit pertama ini, alam jasmani, adalah seperti bersebelahan dalam konsep ruang di dimensi keempat. Cahaya melintasi bumi tujuh setengah kali dalam satu detik. Tetapi cahaya kuasa Allah dapat mencapai ujung alam semesta dalam sekejap. Karenanya, jarak di alam jasmani tidak ada artinya atau batasannya di dalam ruang dimensi keempat.

Dalam Matius pasal 8, ada seorang perwira yang meminta Yesus untuk menyembuhkan hambanya. Yesus berkata bahwa Ia akan datang ke rumahnya, dan perwira itu berkata, "Tuan, aku tidak layak menerima Tuan di dalam rumahku, katakan saja sepatah kata, maka hambaku itu akan sembuh." Maka, Yesus berkata, "Pulanglah dan jadilah kepadamu seperti yang engkau percaya." Maka pada saat itu juga sembuhlah hambanya.

Karena Yesus memiliki ruang langit keempat, orang sakit yang berada di tempat yang jauh dapat disembuhkan hanya dengan perintah Yesus. Perwira itu menerima berkat yang demikian karena ia menunjukkan iman yang sempurna kepada Yesus. Yesus juga memuji iman perwira itu dengan mengatakan, "Aku berkata kepadamu, sesungguhnya iman sebesar ini tidak pernah Aku jumpai pada seorangpun di antara orang Israel."

Bahkan sekarang, bagi anak-anak yang telah menjadi satu dengan Allah melalui iman yang sempurna, Allah menunjukkan pekerjaan kuasa yang melampaui ruang dan waktu.

Cynthia di Pakistan sedang sekarat akibat penyakit Celiac. Lysanias di Israel sekarat karena infeksi virus. Tetapi mereka disembuhkan melalui kuasa doa yang melampaui ruang dan waktu. Robert Johnson di Amerika Serikat juga menerima penyembuhan lewat kuasa doa yang melampaui ruang dan waktu. Otot achiles-nya pecah dan ia tak dapat berjalan karena rasa sakit yang luar biasa. Tanpa pengobatan medis apa pun ototnya itu sembuh sepenuhnya hanya dengan kuasa doa yang melampaui ruang dan waktu. Ini adalah pekerjaan kuasa yang dimanifestasikan di ruang dimensi keempat.

Pekerjaan-pekerjaan luar biasa terjadi melalui sapu tangan yang juga merupakan pekerjaan yang melampaui ruang dan waktu. Bahkan dengan berlalunya waktu, selama pemilik sapu tangan tersebut dipandang layak oleh Allah, maka kuasa yang ada di dalamnya tidak akan hilang. Karenanya, sapu tangan yang didoakan itu sangat berharga, karena itu dapat membuka ruang dimensi keempat di mana pun.

Tetapi jika ada orang yang menggunakan sapu tangan itu dengan cara yang tidak ilahi, maka tidak akan ada pekerjaan Allah yang terjadi. Ini bukan hanya tentang orang yang berdoa dengan sapu tangan tersebut, tetapi juga orang yang didoakan haruslah sesuai dengan keadilan. Ia harus percaya bahwa sapu tangan itu memiliki kuasa Allah tanpa keraguan sedikit pun.

Di alam rohani, segala sesuatu dilakukan sesuai dan tepat seperti menurut keadilan. Dengan demikian, iman orang yang berdoa dan orang yang didoakan diukur dengan tepat dan pekerjaan Allah akan dimanifestasikan sesuai dengan itu.

4. Menggunakan Ruang Rohani

Yosua 10:13 berkata, "...Matahari tidak bergerak di tengah langit dan lambat-lambat terbenam kira-kira sehari penuh.." Ini terjadi ketika Yosua dalam peperangan melawan bangsa Amori saat menaklukkan tanah Kanaan. Bagaimana bisa waktu berhenti selama satu hari di langit pertama?
Satu hari adalah periode waktu bagi bumi untuk berotasi pada porosnya. Karenanya, agar waktu berhenti, maka rotasi bumi harus berhenti. Tetapi jika rotasi bumi berhenti, akan terjadi dampak menghancurkan tidak hanya di bumi sendiri, tetapi juga banyak benda-benda langit. Jadi, bagaimana bisa waktu berhenti selama hampir satu hari?
Ini dapat terjadi karena bukan hanya bumi, tetapi segala sesuatu di langit pertama sedang dalam aliran waktu alam rohani. Aliran waktu di langit kedua lebih cepat daripada langit pertama, dan aliran waktu di langit ketiga lebih cepat daripada aliran waktu di langit kedua. Tetapi aliran waktu di langit keempat dapat menjadi lebih cepat atau lebih lambat dibandingkan dengan langit-langit lainnya. Dengan kata lain, aliran waktu di langit keempat dapat bervariasi dengan bebas menurut niat Allah, seperti yang diinginkan-Nya di dalam hati-Nya. Ia dapat memperpanjang, memperpendek, atau menghentikan aliran waktu itu sendiri.
Dalam peristiwa Yosua, seluruh langit pertama dilingkupi oleh ruang langit keempat, dan waktu diperpanjang sesuai yang dibutuhkan. Di dalam Alkitab, kita dapat melihat peristiwa lain di mana ada orang yang mengalami saat aliran waktu diperpendek. Ini adalah peristiwa ketika Elia berlari lebih cepat daripada kereta kuda sang raja dalam Raja-Raja pasal 18.
Aliran waktu yang diperpendek adalah kebalikan dari aliran waktu yang diperpanjang. Elisa hanya berlari sesuai dengan kecepatannya sendiri, tetapi karena ia sedang berada dalam aliran waktu yang diperpendek, ia dapat berlari lebih cepat daripada kereta kuda raja.
Pekerjaan penciptaan, membangkitkan orang mati, dan pekerjaan yang melampaui ruang dan waktu dilakukan dalam aliran waktu yang telah berhenti. Itulah sebabnya di alam jasmani pekerjaan penciptaan

itu terjadi dengan segera saat diperintahkan atau diinginkan di dalam hati.

Mari kita lihat peristiwa yang mirip 'teleportasi' oleh Filipus, dalam Kisah Para Rasul pasal 8. Ia dituntun oleh Roh Kudus untuk menemui seorang kasim Etiopia di jalan yang menurun dari Yerusalem ke Gaza. Filipus mengabarkan injil Yesus Kristus dan membaptisnya dengan air. Kemudian, Filipus tiba-tiba muncul di kota yang disebut Azotus. Ini adalah semacam 'teleportasi'.

Agar teleportasi ini dapat terjadi, manusia harus melewati jalan rohani yang dibentuk oleh ruang dimensi keempat, yang memiliki sifat langit keempat. Di dalam jalan ini aliran waktu terhenti, dan itulah sebabnya manusia dapat pindah ke tempat yang jauh secara instan.

Jika kita dapat menggunakan jalan rohani ini, kita bahkan dapat mengendalikan kondisi cuaca. Misalnya, anggap saja ada dua tempat di mana manusia mengalami kekeringan di tempat yang satu dan banjir di tempat lainnya. Jika lokasi hujan atau banjir dapat dikirim ke lokasi yang mengalami kekeringan, maka masalah kedua tempat itu dapat diatasi. Bahkan topan ataupun badai dapat dipindahkan melalui jalan rohani ini ke tempat yang tak berpenghuni, dan tidak akan mengakibatkan masalah. Jika kita menggunakan ruang rohani, kita dapat mengontrol bukan hanya topan tetapi juga letusan gunung berapi dan gempa bumi. Kita dapat melingkupi gunung berapi itu atau tempat berasalnya gempa dengan ruang rohani.

Tetapi semua hal ini hanya dapat dimungkinkan ketika hal itu sesuai dengan keadilan Allah. Misalnya, untuk menghentikan bencana alam yang memengaruhi seluruh bangsa, sebaiknya para pemimpin negara tersebut berdoa. Juga, bahkan jika terbentuk ruang rohani, kita tidak dapat melawan keadilan langit pertama sepenuhnya. Dampak dari ruang rohani akan terbatas sejauh mana langit pertama tidak akan menderita kekacauan setelah ruang rohani itu diangkat. Allah memerintah semua langit dengan kekuatan-Nya, dan Ia adalah Allah yang kasih dan adil.

(Tamat)

Penulis:
Dr. Jaerock Lee

Dr. Jaerock Lee dilahirkan di Muan, Propinsi Jeonnam, Republik Korea, pada tahun 1943. Pada umur dua puluhan, Dr. Lee menderita berbagai penyakit yang tidak tersembuhkan selama tujuh tahun dan menunggu kematian tanpa ada harapan untuk pulih. Pada suatu hari di musim semi tahun 1974, ia dibawa ke gereja oleh saudara perempuannya dan saat ia berlutut untuk berdoa, Allah yang Hidup menyembuhkannya dari semua penyakit.

Mulai saat itu Dr. Lee bertemu dengan Allah yang Hidup melalui pengalaman yang menakjubkan itu, ia telah mengasihi Allah dengan segenap hati dan keikhlasan, dan pada tahun 1978 ia dipanggil untuk menjadi pelayan Allah. Ia berdoa dengan sangat tekun dengan doa puasa sehingga ia dapat memahami kehendak Allah dan melakukan sepenuhnya, dan menaati semua Firman Allah. Pada tahun 1982, ia mendirikan Gereja Pusat Manmin di Seoul, Korea, dan tidak terhitung banyaknya pekerjaan Allah, termasuk penyembuhan mukjizat dan keajaiban, telah terjadi di gerejanya.

Pada tahun 1986, Dr. Lee ditahbiskan sebagai pendeta pada Pertemuan Tahunan dari Gereja Sungkyul Yesus di Korea, dan empat tahun kemudian yaitu pada tahun 1990, khotbahnya mulai disiarkan ke Australia, Rusia, Filipina, dan banyak negara lain melalui Far East Broadcasting Company, Asia Broadcast Station, dan Washington Christian Radio System.

Tiga tahun kemudian yaitu pada tahun 1993, Gereja Pusat Manmin dipilih sebagai satu dari "50 Gereja Terkemuka Dunia" oleh majalah Christian World (AS) dan ia menerima Doktor Kehormatan Teologia dari Christian Faith College, Florida, AS, dan pada tahun 1996 sebuah gelar Ph.D dalam Pelayanan dari Kingsway Theological Seminary, Iowa, AS.

Sejak tahun 1993, Dr. Lee telah memimpin misi dunia melalui banyak Kebaktian Kebangunan Rohani (KKR) luar negeri di Tanzania, Argentina, L.A., Baltimore City, Hawaii, dan New York di Amerika Serikat, Uganda, Jepang, Pakistan, Kenya, Filipina, Honduras, India, Rusia, Jerman, Peru, Republik Demokrasi Kongo, Israel dan Estonia.

Pada tahun 2002, ia disebut "pembangun rohani seluruh dunia" oleh koran-koran Kristen utama di Korea untuk pekerjaannya dalam berbagai KKR di luar negeri. Khususnya, "KKR New York tahun 2006" yang dia adakan di Madison Square Garden, arena yang sangat terkenal di dunia, disiarkan ke 220 negara, dan juga "KKR

Israel Bersatu tahun 2009" yang diadakan di International Convention Center di Yerusalem di mana dia dengan tegas memproklamirkan bahwa Yesus Kristus adalah Mesias dan Juru Selamat. Kotbahnya disiarkan ke 176 negara via satelit termasuk GCN TV dan dia dimasukkan dalam daftar Top 10 Pemimpin Kristen Paling Berpengaruh pada tahun 2009 dan 2010 oleh majalah populer Rusia In Victory dan agensi Christian Telegraph karena pelayanan siaran TV dan pelayanan penggembalaan gereja luar negerinya yang berkuasa.

Pada bulan Maret 2012, Gereja Manmin Pusat memiliki kongregasi dengan jumlah jemaat lebih dari 120.000 orang. Ada 10.000 gereja cabang di seluruh dunia termasuk 54 cabang gereja domestik, dan sejauh ini telah mengirimkan lebih dari 129 misionaris ke 23 negara, termasuk Amerika Serikat, Rusia, Jerman, Kanada, Jepang, Cina, Perancis, India, Kenya, dan banyak lagi.

Hingga tanggal penerbitan buku ini, Dr. Lee telah menulis 64 buku, termasuk bestseller Merasakan Kehidupan Kekal Sebelum Kematian, Hidupku Imanku I & II, Pesan Salib, Ukuran Iman, Surga I & II, Neraka, dan Kuasa Allah. Tulisan-tulisannya telah diterjemahkan ke dalam lebih dari 74 bahasa.

Kolom-kolom Kristennya muncul pada The Hankook Ilbo, The JoongAng Daily, The Dong-A Ilbo, The Munhwa Ilbo, The Seoul Shinmun, The Kyunghyang Shinmun, The Hankyoreh Shinmun, The Korea Economic Daily, The Korea Herald, The Shisa News, dan The Christian Press.

Saat ini Dr. Lee adalah pemimpin dari banyak organisasi dan asosiasi misi termasuk: Termasuk Ketua dari The United Holiness Church of Korea, Presiden dari Manmin World Mission; Persiden Tetap dari TheWorld Christianity Revival Mission Association; Pendiri dan Ketua Dewan dari Global Christian Network (GCN), Pendiri dan Ketua Dewan dari The World Christian Doctors Network (WCDN), serta Pendiri dan Ketua Dewan dari Manmin International Seminary (MIS).

Buku-buku penuh kuasa lainnya dari penulis:

Surga I & II

Dr. Jaerock Leen omaelämäkerta, joka välittää lukijoilleen kauniin hengellisen aromin. Leen elämän on perustunut Jumalan rakkauteen hänen kerran koettua pimeyden tummat aaallot, sen kylmän ikeen ja syvimmän epätoivon.

Hidupku Imanku I & II

Autobiografi Dr. Jaerock Lee yang memberikan aroma rohani yang paling wangi kepada para pembacanya, karena kehidupannya disarikan dari kasih Allah yang mekar dalam gelombang gelap, kuk yang dingin, dan keputusasaan paling mendalam.

Pesan Salib

Pesan kebangunan penuh kuasa bagi semua orang yang tertidur secara rohani! Di dalam buku ini Anda akan menemukan alasan mengapa Yesus menjadi satu-satunya Juru Selamat dan kasih sejati Allah.

Ukuran Iman

Tempat tinggal seperti apakah, serta mahkota dan upah yang bagaimana yang disediakan bagi Anda di surga? Buku ini memberikan dengan hikmat dan bimbingan bagi Anda untuk mengukur iman Anda dan menanam iman yang terbaik dan paling dewasa.

Neraka

Sebuah pesan yang sungguh-sungguh kepada seluruh umat manusia dari Allah yang tidak ingin satu jiwa pun jatuh ke kedalaman neraka! Anda akan menemukan kenyataan yang-belum-pernah-terungkap-sebelumnya mengenai Hades (dunia orang mati bagian bawah) dan neraka.

www.urimbooks.com

www.ingramcontent.com/pod-product-compliance
Lightning Source LLC
LaVergne TN
LVHW021820060526
838201LV00058B/3450